»Die gefährlichste Weltanschauung ist
die Weltanschauung der Leute,
die die Welt nie angeschaut haben«

Alexander von Humboldt

Liebe Leser,

Regensburg ist ein Thema, das Sie mir in Mails und Briefen immer wieder vorgeschlagen haben. Sie hatten Recht: Regensburg ist ein ideales Thema für MERIAN, eine herrliche Mischung aus Kunst, Kultur und Genuss.
Seit die Altstadt zum UNESCO-Welterbe erhoben wurde, ist Regensburg eigentlich sogar ein Pflicht-Thema für MERIAN: An die 1000 denkmalgeschützte Gebäude präsentieren sich hier, darunter die Steinerne Brücke, Bayerns schönster gotischer Dom, das Märchenschloss – viel Mittelalter, viel Malerisches. Hier versammelte sich der Immerwährende Reichstag – jener Vorläufer der Europäischen Union, bei dem das ganze Heilige Römische Reich Deutscher Nation vertreten war. Und heute flaniert hier der Besucher durch die Jahrtausende – wobei die Grenzen zwischen den Epochen fließend sind. Also parke ich mein Auto vor der römischen Stadtmauer, trinke meinen Cappuccino unter gotischem Kreuzgewölbe und blicke aus meinem Hotelzimmer auf den mächtigen Salzstadel.
Es ist nicht schwer, sich in Regensburg zu verlieben, die einzige erhaltene mittelalterliche Großstadt in Deutschland. Und so ist es nahezu der gesamten MERIAN-Redaktion – bis hin zum Herausgeber – bei der Arbeit an diesem Heft ergangen.

Herzlich, Ihr

Andreas Hallaschka
MERIAN-Chefredakteur

P.S. Wenn ich in Regensburg bin, lande ich immer irgendwann an der Donau. Stelle mich auf das jahrhundertealte Meisterstück, die Steinerne Brücke. Unter mir die Strudel, die um die linsenförmigen Umrandungen der Pfeiler wirbeln. Dann setze ich mich auf der anderen Seite in den Spitalgarten und genieße den Kalenderblatt-schönen Blick auf Regensburg.

6	**SKIZZEN** Fliegende Dirndl und andere Spezialitäten	
10	**PORTFOLIO** »Regensburg liegt gar schön…« wusste schon Goethe. Ein Bilderbogen	
22	**ESSAY** Die Stadt, die Geister und ich Schriftstellerin Eva Demski über den Wandel ihrer Geburtsstadt	
28	**INTERVIEW** Glanz um Gloria Gloria von Thurn und Taxis empfing MERIAN zu Hause auf St. Emmeram. Ein Gespräch über Geld und Gefühle	
34	**ADEL** Die Firma T&T Das Unternehmen Thurn und Taxis stand vor der Pleite – bis Fürstin Gloria schonungslos eingriff	
40	**DER ZWEITE BLICK** Wunder am Wasser Die Steinerne Brücke ist ein Höhepunkt mittelalterlicher Baukunst	
42	**GESCHICHTE** 2000 Jahre in zwei Stunden Römer, Reichstag und Patrizier: ein Stadtspaziergang als Zeitreise	
54	**WISSEN** Wohntürme Die Wolkenkratzer des Mittelalters sind einmalig in Deutschland	
58	**GASTRONOMIE** Oh, Orphée! Charme und eine Prise Wahn: Das „Orphée" ist der Salon der Stadt	
66	**DOM** Die Poesie der Steine Flickwerk für die Ewigkeit: die Arbeit der Dombauhütte	
78	**MENSCHEN** Die Radifrau Krimiautorin Andrea Maria Schenkel über ihre Großmutter	
80	**DOMSPATZEN** Harter Drill zur Ehre Gottes Zwei Ehemalige erinnern sich an cholerische Gesangslehrer und das Gefühl der Ekstase in eisiger Kälte	
88	**PORTRÄT** Der große Bruder Der Papst ist ihm Freund und Familie: zu Gast bei Georg Ratzinger	
92	**TOUREN** So weit, so schön, so nah Drei Ausflüge zu den attraktivsten Zielen im Umland: Walhalla, Kallmünz und Kloster Weltenburg	

GELASSEN und geschäftstüchtig: Cornelius Färber führt Café, Restaurant und drei Hotels – Unternehmen „Orphée"

ROMANTISCH liegt Kallmünz an Naab und Vils. Gabriele Münter und Wassily Kandinsky verliebten sich hier – in den Ort und ineinander

INHALT REGENSBURG

ENGELSGLEICH 80
klingen die glockenhellen Stimmen der Domspatzen. Wer im ältesten Kinderchor der Welt mitsingt, muss Disziplin zeigen – nicht nur beim sonntäglichen Auftritt in der Messe

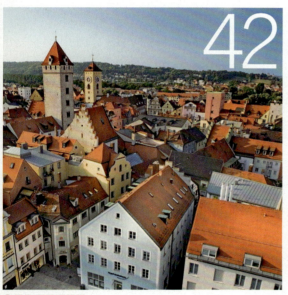

42

54
STEINREICH
war die Stadt vor 600 Jahren. Die Wappen wohlhabender Patrizier finden sich noch heute an frisch sanierten Wohntürmen wie dem Zanthaus

GERETTET
und aufpoliert: Die mittelalterliche Altstadt ist weltweit bekannt für beispielhaften Denkmalschutz

28
FORMVOLLENDET
empfing Fürstin Gloria Heftredakteurin Gräfin Charlotte auf St. Emmeram. Ein Gespräch über Adel und Engagement

MERIAN KOMPASS AB SEITE 107

WAS TUN IN REGENSBURG?	107
SEHENSWERTES von A bis Z	108
KULTUR Museen, Theater, Kino	116
EINKAUFEN Von Hüten, Bürsten, Würsten	122
ÜBER NACHT Hier liegen Sie richtig	124
ESSEN UND TRINKEN Gutbürgerlich im Biergarten	126
EXTRATOUR Mit dem Rad zum Baierwein	130
MERIAN-KARTE Die Stadt im Überblick	131
GESCHICHTE Der Immerwährende Reichstag	134
REISE-INFORMATIONEN Veranstaltungskalender	135
MEDIEN Bücher, CDs, Filme	137
Impressum, Bildnachweis	106

SKIZZEN AUS REGENSBURG

1949 1968 2009

Im neuen MERIAN Regensburg 2009 glänzt die Stadt mehr denn je. Dazu der Innenressortchef der Süddeutschen Zeitung, Heribert Prantl: „In Berlin wohnt man preußisch. In Regensburg wohnt man gotisch, lebt fürstlich und isst göttlich (wenn man weiß wo). Regensburg ist die schönste Stadt Deutschlands." Mehr s. S. 118

DIRNDLFLUGTAG
Wenn Mädels zu Wasser gehen

Der Rock weht, die Schürze flattert, kalt ist die Donau und groß die Überwindung: Beim alljährlichen Dirndlflugtag gibt es Preise für die besten Sprünge in den Fluss. Gewertet wird nach den Kriterien „Kreativität und Accessoires, Theatralik, Schwierigkeitsgrad und Sportlichkeit". Springen im Trachtenkleid ist längst Kult, auch gestandene Mannsbilder machen mit – im Dirndl natürlich. Anmeldung unter www.goessl.at

1

2

WALHALLA
Antike mit Atmosphäre

1839, drei Jahre vor Vollendung seiner Walhalla, malte Architekt Leo von Klenze den „Tempel" im dorischen Stil (1). Das Bild ist eine Art Schlüssel zum Verständnis seines Werks: Das mediterran anmutende Donautal wird dominiert von der überproportional großen, im byzantinischen Stil umgebauten Kirche Sant Salvator. Bauherr Ludwig I. vertrat die Ansicht, dass sowohl die hellenistischen als auch die germanischen Völker vom selben Urvolk abstammen, das entlang der Donau in den Norden kam. Der englische Landschaftsmaler **William Turner** war so begeistert von der Walhalla, dass er sie auf einer seiner Reisen porträtierte (2). Sein Ölgemälde von 1842 trifft die mystische Dimension der Ruhmeshalle besser, als der konkrete Bau es kann.

(NAMENS)-GESCHICHTE
Die Unendliche

Kaum eine andere Stadt kann so viele Namen vorweisen. Wer also im Mittelalter nach Regensburg reisen wollte, der war gut beraten, wenigstens einige davon zu kennen:

**Tyberina Quadrata Germanisheim
Hyatospolis Ymbripolis Ratispona
Reginopolis Rheina Hystris Regino
Reganesburg Castra Regina
Regina civitas**

Einige der Namen wurden im 11. Jahrhundert erfunden. Durchgesetzt hat sich – in Anlehnung an den Fluss Regen – die römische Bezeichnung **Regino (castra)** und deren altbairische Lehnübersetzung **Reganesburg**.

6 MERIAN www.merian.de

BAYERN FÜR GENIESSER.

Auf rund 200 Seiten zeigen wir die Gründe, warum Bayern das liebste Urlaubsziel in Deutschland ist. Alles über die deftige und bayerische Küche und die besten Biergärten von Bamberg bis Passau. Plus 400 Empfehlungen für Restaurants, Hotels und kulinarische Einkaufsadressen. Jetzt im guten Zeitschriftenhandel oder direkt bestellen unter Telefon 040 / 87 97 35 40 oder www.der-feinschmecker-shop.de

DER FEINSCHMECKER BOOKAZINE

SKIZZEN AUS REGENSBURG

KIRCHENKUNST
Läuten und Pfeifen

Die Georg Rauscher Turmuhrenfabrik, in vierter Generation betrieben, ist der älteste Hersteller von Turmuhren, Läutemaschinen und -anlagen in Bayern. Früher produzierte man mechanische Turmuhren, heute hoch entwickelte, von Mikroprozessoren gesteuerte Funkuhren – die riesigen Zifferblätter **(1)** und die Zeiger sind handgefertigt. In luftiger Höhe arbeitet auch der Organist des Regensburger Doms. **Die neue Hauptorgel von St. Peter wird die bislang größte hängende Orgel der Welt sein.** Und ihr Bau ist der größte Eingriff in die Gestaltung des Doms seit Errichtung der Turmhelme. Die alte Chororgel hinter dem Hauptaltar reichte nie aus, um das Kirchenschiff mit Tönen zu füllen. Die neue Orgel wird 36,7 Tonnen wiegen, 5871 Pfeifen **(2, 3)** zählen und am nördlichen Querschiff 8,2 Meter über dem Boden schweben – der Organist kommt per Lift an seinen Platz. Der Aufzug war notwendig, um die Bausubstanz des Doms möglichst wenig zu verändern.

PROMI-PRALINEN   Beschwipste Gloria

Die handgemachten Pralinen mit dem Namen berühmter Regensburger sind der Renner in Deutschlands ältestem Kaffeehaus gegenüber vom Alten Rathaus: Die „**Kesse Gloria**" ist die ironische Anspielung an die frühen Jahre der Fürstin – eine verführerische Kreation aus Rumtrüffel, Amarenakirsche und Mandelkrokant. Ebenso göttlich delikat: der Benedikt XVI. gewidmete „**Himmels-Flüsterer**" aus Macadamianuss, Trüffel, Kirsch-Amarena-Marzipan und 24 Karat Goldstaub. Zu kaufen in der Confiserie Prinzess am Rathausplatz.

BUSINESS MIT BENEDIKT
Feuer und Flamme für den Papst

In der Stifstkirche St. Johann steht die weltgrößte Papst-Benedikt-Kerze: 2.45 Meter hoch, 120 Kilo schwer und handgezogen bei „Kerzen Elsässer". Dort gibt's sie gottlob auch kleiner für zu Hause. Daheim ist der Pontifex im Herzen noch immer im Vorort Pentling, dort wohnte er seit 1970. Sehr zum Verdruss der Stadt Regensburg, denn das Haus in der Bergstraße gehört nicht mehr zum Stadtgebiet: Knapp 100 Meter fehlen, um mit dem Papst werben zu können.

8 MERIAN   www.merian.de

Es lebe der Unterschied!

Jetzt am Kiosk!

FOCUS-SCHULE klärt auf: So unterschiedlich sind Jungen und Mädchen. Erfahren Sie, ob gemischte Klassen noch sinnvoll und Mädchen wirklich besser in der Schule sind – und warum die Chancengleichheit des Bildungssystems nur ein Mythos ist. Mit vielen Tipps, wie Sie Ihr Kind optimal fördern können.

Außerdem in dieser Ausgabe:

- Der Stress-Test: Wann in Ihrer Familie der Streit vorprogrammiert ist – und wie Sie ihn vermeiden
- Herausforderung Schulalltag: So gehen Lehrer mit individueller Förderung, lauten Klassen und ausfallenden Stunden um
- Viele Wege führen zum Abitur: Wie Schüler die Hochschulreife erlangen

Das und vieles mehr zum Thema Lernen, Bildung und Familie – jetzt am Kiosk.

FOCUS-SCHULE. WER DIE FAKTEN KENNT, IST BESSER UNTERRICHTET.

Johann Wolfgang von Goethe, September 1786

Regensburg liegt gar schön cken; auch haben sich die geistlichen die Stadt gehört ihnen, in der Stad gegen Stift. Die Donau erinnert mich haben Fluß und Brücke ein besseres gegenüberliegende Stadt am Hof

FOTOS **TOBIAS GERBER** UND **ARTHUR F. SELBACH**

Die Gegend mußte eine Stadt herlo-
Herren wohlbedacht. Alles Feld um
steht Kirche gegen Kirche und Stift
an den alten Main. Bei Frankfurt
Ansehn, hier aber nimmt sich das
recht artig aus.

Diese Stadt ist großes Kino, schon ihre Silhouette hat Breitwandformat:
Der Blick geht vom Römerturm (ganz links) über Dom, Salzstadel, Brückenturm und Rathaus bis zum Wohnturm Blauer Hecht

An der schönen braunen Donau

Die Lage am Fluss bot im Mittelalter einen genialen Standortvorteil. Als Umschlagplatz des Transithandels zwischen Ost und West wurde Regensburg reich. Der Boom dauerte bis zum 15. Jahrhundert, die Stadt verschuldete sich, wurde arm. Heute ist Regensburg wieder wohlhabend. Die Donau hat für die Wirtschaft aber heute nur noch geringe Bedeutung, selbst Fischer sind selten auf dem Strom unterwegs

Gotik auf die Spitze getrieben

Die 105 Meter hohe Kathedrale ist die wichtigste Orientierungshilfe in dieser Stadt, die nicht wirklich eine Mitte hat: Klöster, Kaiserpfalzen, Gesandtschaftspalais, Patrizierburgen, das feudale Märchenschloss der Fürstenfamilie – Regensburg ist voller alter Machtzentren

Ein Spaziergang durch die Altstadt ist Unterricht in deutscher Geschichte. Das sorgfältig in Stand gehaltene Alte Rathaus ist bis heute ein Symbol des Heiligen Römischen Reichs Deutscher Nation. Mehr als 200 Jahre lang trafen sich hier Gesandte aus allen Teilen des Reichs

Restlos restauriert

Erst Weltwunder, dann Welterbe

Eine Brücke komplett aus Stein, das war 1146 eine Sensation! Die Steinerne Brücke ist ein Meisterwerk mittelalterlicher Baukunst, vergleichbar den großen Kathedralen jener Zeit. Man feierte sie nach der Fertigstellung als achtes Weltwunder. Ihr Kern ist auch nach über 850 Jahren in gutem Zustand

Das New York des Mittelalters

Um 1200 war Regensburg ein Knotenpunkt von Wirtschaft und Politik, der heute den Rang einer Megacity hätte. Die gloriose Epoche wirkt nach: 2006 kam die Altstadt auf die Liste des UNESCO-Welterbes – als einzig erhaltene mittelalterliche Großstadt in Deutschland. Seitdem kommen noch mehr Besucher als zuvor, zwei Millionen Gäste wurden 2008 gezählt

Kyrie bis zum Stimmbruch

Die Regensburger Domspatzen sind der älteste Knabenchor der Kirchengeschichte. Schon zur Zeit der Karolinger, vor über 1000 Jahren, hatten die Domsänger ihre eigene Schule. Ein Auftritt ist jede Woche fix: sonntags um zehn Uhr in der Messe

Als der Abt des Klosters St. Emmeram zum Reichsfürsten erhoben wurde, sollte auch die Kirche glänzen. Der Auftrag ging an die bekanntesten Künstler Süddeutschlands: 1731 begannen die Brüder Cosmas Damian und Egid Quirin Asam, das Mittelschiff des Langhauses (Bild) und den Hauptchor im Stil des Barock umzugestalten. Die Basilika wurde zum Prestigeobjekt

Ein Rausch aus Gips und Gold

Eine Stadt in Sommerlaune

Junge Leute lieben Regensburg: Seine Enge macht es gemütlich, die vielen Gässchen, Durchgänge, Plätze und Cafés sorgen für südliche Leichtigkeit. Mehr als 17 000 Studenten wissen das zu schätzen und machen gern mal Pause – nicht nur vor dem Palais am Bismarckplatz

Das Viertel der Kaufleute hat sich in der Bausubstanz seit dem 12. Jahrhundert kaum verändert. Der große Unterschied: Alles ist heller und heiter geworden

DENKE ICH AN REGENSBURG

Die Schriftstellerin Eva Demski stammt aus Regensburg. Heimat und Donau spielen in ihren vielfach ausgezeichneten Arbeiten eine große Rolle. Für MERIAN schreibt sie über das Lifting ihrer alten Geburtsstadt – und was dabei verloren ging

Die Stadt, die Geister und ich

Jedes Mal, wenn ich nach Regensburg komme, fange ich an zu suchen, es ist wie ein Zwang: Was ist gleich geblieben? Was hat sich verändert? Bei jeder Veränderung beginne ich zu trauern. Wenn ich dem entgehen will, muss ich irgendwo hinaufsteigen oder von vornherein mein Hotelzimmer in der Altstadt im oberen Stock buchen: Dann gehe ich stundenlang mit Blicken über den Dächern spazieren und werde ruhig und glücklich. Ich erkenne sie wieder, die Zinnen und bunten Schindeln, die Moospolster, Wasserspeier und Uhren, die Turmhauben und das steinerne Spitzenmuster des Doms, die Gauben und Dachfenster, hinter denen damals die armen Leute wohnten mit ihren zerschlissenen Küchenhandtuchgardinen und heute vielleicht Studenten oder Künstler. Manchmal stört mich eine einfarbig rote Ziegelfläche, reinregnen lassen will man es nicht, das verstehe ich. Warum aber die Ziegelfabrikanten stolz darauf sind, dass ihre Produkte bis in Ewigkeit die gleiche Farbe behalten, verstehe ich nicht.

Nein, die Vergangenheitsverklärung soll nicht schon wieder ihre Krallen in mein Herz schlagen, deswegen schaue ich zustimmend das Riesenhaus an, das jetzt so schön kaisergelb und sauber in der Gesandtenstraße steht und alle Blicke auf sich zieht. Einst war es fast unsichtbar trotz seiner Größe, ein schwärzlich graugelber, seit Jahrhunderten stumm dahinsiechender Saurier, in dem ich lebte, wann immer ich in der Stadt war. Ich habe nie etwas aus Stein so geliebt wie das Zanthaus, das jetzt „Schnupfe" heißt, obwohl seine Zeit als größte Schnupftabakfabrik Deutschlands nur einen kleinen Teil seiner Existenz ausmacht.

Vor einem Vierteljahrhundert hatte unsere gemeinsame Geschichte ein scheinbares Ende. Mein Onkel Hans Weiß, bei dem ich immer Obdach, Leberknödelsuppe, Wein und Zuspruch

Stadt in Sicht: Von der Donauinsel Oberer Wöhrd hat man das Zentrum bestens im Blick. Im 19. Jahrhundert entstanden hier etliche private Badeanstalten – streng nach Geschlechtern getrennt

Ein Stück meines Lebens

gefunden hatte, wenn ich etwas davon oder alles zusammen brauchte, war gestorben, und mit ihm der letzte wirkliche Bewohner des mächtigen Baus. Für ihn war es normal gewesen, inmitten hunderter leerer Räume mit maroden Rokokostuckdecken, staubigen Jugendstiltapeten und unter uraltem Putz schlummernden Renaissancefresken zu leben. Er war Prokurist der Schnupftabakfabrik gewesen, über dies hinaus familiär mit dem Besitzer auf komplizierte Art verbandelt. Wohnrecht hatte er auf Lebenszeit.

Generationen von Münchner Denkmalsschutzbeamten hatten das Gemäuer verschüchtert wieder verlassen, hier mal was vermessen, da mal was freigelegt. Onkel Hans hatte ihnen stoisch zugeschaut und mit den Achseln gezuckt. Ihm war der unerforschliche gotische Bau, diese fraglos größte Patrizierburg nördlich der Alpen, längst eine vertraute Heimat. Anderswo zu leben, konnte er sich nicht vorstellen.

Das Dach, eine riesige Landschaft aus Schrägen, Türmen und Gauben, war einigermaßen dicht, das war das Wichtigste. Man hatte ein mehr als spartanisches Bad, später im Leben einen einigermaßen funktionierenden Ofen und, Gipfel des Luxus, ein Klo, zu dem man nicht wie jahrzehntelang gewöhnt, Hunderte Meter entlang und viele Treppen hinunter und auf dem Rückweg wieder hinauf durch Nacht und Kälte zu tappen brauchte. Wegen der dicken Mauern und der schwierigen Installation galt es als das teuerste Klo Regensburgs, was man ihm wirklich nicht ansah. Die Heizung reichte gerade, dass es nicht einfror.

Jetzt ist die schöne „Schnupfe", jahrelang mutig renoviert und nach hunderten von Jahren energisch in die Gegenwart katapultiert, vollgepackt mit chicen Wohnungen, die alles haben, was der Mensch für unverzichtbar hält. Ich stehe vor meinem bis zur totalen Fremdheit verjüngten Haus, beobachte

hübsche junge Leute im neuen Kaffeehaus und erkenne jene Gewölbe, durch die man damals in die unkrautüberwucherten, stillen Höfe kam.

Es ist ja gut, dass es wieder lebt. Man hätte es nicht mehr länger auf diese Art vor sich hin sterben lassen können. Und doch, und doch: Da ist sie wieder, diese Traurigkeit, dieses unabweisbare Gefühl, etwas verloren zu haben, nicht nur von diesem wiederbelebten Haus, sondern von der ganzen Stadt.

Es liegt wohl an mir, denn Regensburg zeigt sich bunt und jung, lebendig und heiter, und die vielen alten Häuser sind anständig geschminkt und hergerichtet, was fast allen richtig gut steht. Es gibt allenthalben schöne, italienisch anmutende Plätze, auf denen die unvermeidlichen Kunstsünden stehen, die außer mir keinen stören. Die alte Stadt trägt den Wünschen der Jetztzeit, nach Verfügbarkeit und Amüsement souverän Rechnung. Vielleicht ist es das, was mich so verwirrt. Früher war sie geheimnisvoll, rau und abweisend gewesen. Sie verbarg, was sie zu bieten hatte. Man musste es sich erkämpfen und nach ihren Schönheiten beharrlich suchen. Das Regensburg von früher war eine dunkle, gekränkte Stadt, von ihrer einstigen Weltgeltung als Sitz des Immerwährenden Reichstags längst in die Bedeutungslosigkeit versunken. Eine uralte Ansiedlung an der Donau, die sich selbst so wenig zu lieben und zu achten schien, dass um 1850 unersetzliche Archivalien, Geburts- und Sterberegister, Kauf- und Erbverträge und vieles andere einfach makuliert wurden. Ein großer Teil der dokumentierten Stadtgeschichte wurde so zum Verschwinden gebracht.

Es war noch lang nach dem Krieg zu spüren: Die Geschichte, die Tradition, das kulturelle Erbe, an dieser Stelle der Donau noch dichter gepackt als anderswo, war hauptsächlich eine Last. Die Menschen freuten sich nicht, wenn bei Bauarbeiten in ihren Häusern eine Madonna, silberne Taler aus dem Drei-

ßigjährigen Krieg oder ein Brunnen entdeckt wurde. Sie seufzten. Und wenn sie was Römisches fanden, schütteten sie es schnell wieder zu. Das kann man sich heute nicht mehr vorstellen, jetzt glänzt die Stadt mit ihrem Reichtum, sie stellt ihn zur Schau und wird dafür geliebt. Ich sollte froh sein, dass ihr allenthalben wieder Leben eingehaucht worden ist!

An einem Juliabend vor ungefähr dreißig Jahren saß ich im Zanthaus, in jenem düster möblierten, hundert Quadratmeter großen Wohnzimmer. Ich war allein zwischen über dreihundert Räumen, manche davon waren ein paar Generationen lang von niemandem mehr betreten worden. An dem Abend ging ein mächtiges Gewitter über der Stadt nieder. Der sonst nicht zu übertriebener Zärtlichkeit neigende Hund Toni war mir bei einem besonders heftigen Donnerschlag auf den Schoß gekrochen. Um mich herum knackste, ächzte und flüsterte das riesige Haus, die alte Stadt schien sich unter dem Regen und dem Licht der Blitze zu ducken. Es war, als gäbe es keine Zeit mehr, als wären der Hund und ich mitten in längst vergangenen Jahrhunderten gelandet. Es war, ich kann mich gut daran erinnern, ein merkwürdiges Gefühl. Toni und ich versicherten einander, dass es keinen Grund zum Fürchten gäbe.

Am nächsten Tag lagen Ziegel in der Tiefe der engen Gassen, und ich hatte wie so oft in Regensburg das Gefühl, von Geheimnissen umgeben zu sein.

Vielleicht ist es das, was ich insgeheim vermisse, wenn ich auf die wunderbar helle, heitere, Menschen anlockende und elegante Menschen Heimat bietende „Schnupfe" schaue. Früher brauchte man hier nicht an Geister zu glauben, um ihre Anwesenheit zu spüren! Wo sie geblieben sind, im bunten, schnellen 21. Jahrhundert, weiß ich nicht. Vielleicht haben ein paar von ihnen Zuflucht gefunden, unter den Dächern der alten Stadt Regensburg. ∎

Refugium edler Genüsse
Hotel Burg Wernberg

Wernberg-Köblitz

Das Genuss-Schloss über dem Inn
Schloss Neuburg

Neuburg am Inn

Lustwandeln im fürstbischöflichen Garten
Schloss Burgellern

Schesslitz

Wein, Küche und preisgekrönte Architektur
Weingut am Stein/
Restaurant Reisers

Würzburg

Erlebnisweingut verführt mit Wein und Design
Vinotel Augustin

Sulzfeld am Main

Kunst leben und erleben
Am Eichholz – Galerie & Art-Hotel

Murnau am Staffelsee

Das Lifestylehotel in Ingolstadt
KULT-Hotel

Ingolstadt

Englisches Landhaus mit Alpenpanorama
Hotel & Wellness-Refugium
»Das Kranzbach«

Kranzbach

Harmonie durch Kontraste
hezelhof hotel

Dinkelsbühl

Entspannen mit Stil
Nebelhorn Relaxhotel

Obermaiselstein

Perle der Renaissance im Altmühltal
Hotel Schloss Eggersberg

Riedenburg-Obereggersberg

Deutschlands kleinstes Vier-Sterne-Hotel
Landhaus Freiberg

Oberstdorf

Barocke Kulturperle inmitten fränkischer Natur
Schlosshotel Pommersfelden

Pommersfelden

Das Jugendstilhotel bei den Königsschlössern
Hotel Hirsch

Füssen

Das Jagdschloss im Allgäu
Schloss zu Hopferau

Hopferau

Ein mittelalterliches Naturerlebnis in der Fränkischen Schweiz
Burg Rabenstein

Ahorntal

Königliche Sommerresidenz
Dorint Resort & Spa
Bad Brückenau

Bad Brückenau

Sinnliche Naturerfahrung
Biohotel Hörger

Kranzberg

Sightsleeping in der Sightseeing-Stadt
Burg-Hotel Rothenburg

Rothenburg ob der Tauber

Münchens erstes Designer-Hotel
Hotel Advokat

München

Design meets Feng Shui
Corbin Feng Shui Business-Hotel

Freising

Design und Haute Cuisine
Villa Mittermeier

Rothenburg ob der Tauber

Das Wasserschloss im modernen Kleid
Schlossparkhotel Mariakirchen

Mariakirchen

Historische Kulisse und modernes Design
Hotel VICTORIA Nürnberg

Nürnberg

Kleinod im Fünfseenland
Chalet am Kiental

Herrsching

Leben im Kloster
Abtei St. Walburg

Eichstätt

Design in den Bergen
InterContinental
Berchtesgaden Resort

Berchtesgaden

www.sightsleeping.by

SIGHTsleeping® HOTELS

Schlafen für Augenmenschen

Sightseeing beginnt in Bayern bereits beim Einchecken, beim Aufwachen, beim Frühstück ... Augenmenschen logieren in Burganlagen, Schlössern oder in Hotels mit sehenswerter Architektur und zeitgenössischem Design. Augen auf: die Sightsleeping®-Hotels in Bayern!

Informationen zu den Sightsleeping®-Hotels erhalten Sie bei der

BAYERN TOURISMUS Marketing GmbH
Leopoldstraße 146, 80804 München
Prospekt-Tel.: 0180 5855050 (0,14€/Min)
Prospekt-Fax: 0180 58550 55 (0,14€/Mir)
tourismus@bayern.info

www.sightsleeping.by

IM GESPRÄCH MIT DURCHLAUCHT

GLANZ UM GLORIA

Sie ist die prominenteste Adlige Deutschlands: früher schrille Partynudel, heute die ungekrönte Königin von Regensburg. Gloria von Thurn und Taxis über Geld und Gefühle

INTERVIEW **CHARLOTTE GRÄFIN VON SAURMA** FOTOS **THOMAS SCHWEIGERT**

Zum ersten Mal auf dem Thron: Auf diesem Sessel ließ sich die Fürstin noch nie fotografieren. Bis 1806 saß hier der persönliche Vertreter des Kaisers, auch er ein Thurn und Taxis

Zu Hause bei der Fürstin: Der Thronsaal von Schloss St. Emmeram ist auch für die Öffentlichkeit zugänglich – bei Führungen

MERIAN Seit 1919 ist der Adelsstand in Deutschland abgeschafft, der Titel ein Teil des Namens. Was bedeutet Adel für Sie heute?
Fürstin Es bedeutet, einer aussterbenden Spezies anzugehören. So etwas wie eine seltene Orchideen-Art.
Wie werden Sie üblicherweise angeredet?
Sie können Fürstin sagen. Formvollendet auch Durchlaucht.
Sie leben seit 29 Jahren in Regensburg, länger als irgendwo anders zuvor. Was empfinden Sie für die Stadt? Wie würden Sie Regensburg einem Fremden beschreiben?
Regensburg ist eine wunderschöne, mittelalterliche Stadt mit sehr vielen Sehenswürdigkeiten, einem regen kulturellen Angebot und voller köstlicher Restaurants und schöner Geschäfte.
Wie wichtig ist die Stadt für Sie persönlich? Sind Sie Regensburgerin oder eher Kosmopolitin?
Ich wohne sehr gerne in Regensburg. Natürlich verreise ich sehr viel, freue mich aber immer, wenn ich nach Hause komme.
Es scheint, als wäre die Stadt heute nur noch Ihr Arbeitsplatz?
Nein, der Arbeitsplatz ist das Schloss. Aber es ist auch keine Notwendigkeit, hier zu sein. Nehmen Sie die Wittelsbacher, die wohnen ja auch nicht immer in München.
Regensburg geht nur mit Gloria. Aber Gloria geht gut ohne Regensburg?
Nein, das ist übertrieben, aber ich bin schon sehr präsent im Schloss, auch wenn ich mal nicht da bin. Die Schlossfestspiele, der Weihnachtsmarkt, der Ausbau und die Erweiterung des Museums sind Initiativen, die von mir kommen. Ich bin stolz darauf, aus dem Schloss einen Magneten für die Gäste Regensburgs machen zu dürfen.
Ihr bisweilen ironischer wie mutiger Umgang mit Traditionen hat Sie zur prominentesten Adligen in Deutschland gemacht. Sie haben immer glänzend mit den Medien gespielt. Eine ideale PR-Frau also. Könnten Sie dieses Talent nicht auch in den Dienst der Stadt stellen?
Im Grunde mache ich das ja schon seit Jahren, schließlich sind meine öffentlichen Auftritte auch immer ein bisschen Werbung für die Stadt: Ich bin bekannt als „die Gloria aus Regensburg".
Die politische Bedeutung der Familie hat mit Regensburg begonnen. Gäbe es da nicht noch mehr, was Sie für die Stadt tun können?
Das ist nicht ganz richtig, die Familie TT hatte schon in Brüssel und später in Frankfurt sehr wichtige politische Funktionen inne. Nur durch diese war der Aufstieg zum prestigiösesten Amt des Prinzipalkommissars zu Regensburg erst möglich geworden. Heute sind wir zivile Bürger wie andere auch. Es sei denn, ich würde in eine Partei eintreten. Aber das will ich vorerst nicht.
Wie engagiert sich Ihr Haus für die Stadt?
Unser Engagement ist sehr vielfältig. Hervorheben möchte ich die Notstandsküche, die seit dem Ersten Weltkrieg jeden Tag eine warme Mahlzeit für zirka 300 bedürftige Menschen in Regensburg ausgibt. Diese Einrichtung ist einmalig. Darüber hinaus ist die fürstliche Hofbibliothek seit dem Jahr 1786 öffentlich zugänglich und damit ein enormer Beitrag zur öffentlichen und insbesondere akademischen Bildung. Außerdem, und das ist wahrscheinlich der aufwendigste Beitrag, haben wir Schloss St. Emmeram für das breite Publikum geöffnet. Wir bewirtschaften dort vier Museumseinheiten: den Marstall mit den wunderschönen Kutschen, die fürstliche Schatzkammer des Bayerischen Nationalmuseums, den Kreuzgang des ehe-

»Im Augenblick bereite ich mich als Schauspielerin auf das Stück ›Pippi Langstrumpf‹ vor«

maligen Klosters St. Emmeram und das Schlossmuseum mit den wunderschönen Prunkräumen. Diese Räume öffentlich zugänglich zu machen, ist ein enormer, kostspieliger Aufwand.

Die Auslastung des Schlosses scheint Ihnen sehr wichtig zu sein.
In meinem Leben nimmt Emmeram 80 Prozent meines Engagements ein.

Unter Kaufleuten sagt man: „Ein Geschäft muss sich rechnen." Rechnet sich das Schloss?
Nein, nein, ein Schloss wird sich nie rechnen. Es kann sich gar nicht rechnen, es lebt ja von seinem ideellen Wert, von der emotionalen Bindung. Ich kann hier nicht mit dem spitzen Bleistift rechnen, weil da sehr viel Tradition dranhängt. Und Liebe. Man kann das Schloss mit einem in Liebe geführten Familiebetrieb vergleichen, da wird auch mehr reingesteckt als rauskommen kann.

St. Emmeram war vor dem Umbau ein Klosterkomplex. Wie lebt es sich in einem scheinbar unbewohnbaren Kasten mit mehr als 500 Zimmern?
Ich bewohne im Schloss eine Wohnung, die für meinen Mann und mich in den 80er Jahren eingerichtet wurde. Aber ich arbeite unermüdlich daran, leerstehende Teile einer weiteren Nutzung zuzuführen. Denkbar wäre, weitere Räume auch gewerblich zu nutzen. Der größte Teil des Schlosses wird heute schon als Büroraum genutzt, schließlich sind wir mitten im Zentrum von Regensburg. Ich kann mir auch vorstellen, eine Schule oder ein Seniorenstift ins Schloss zu holen.

Der Königin Marie Antoinette war Versailles zu unpersönlich. Sie flüchtete nach Petit Trianon. Wo wohnen Sie, wenn Sie fröhlich sein wollen?
Ich verbringe die kältesten Wintermonate in Kenia. Außerdem habe ich eine kleine Wohnung in Rom.

Wie groß ist Ihr Wohnbereich? Wie sehen Ihre Privaträume aus? Haben Sie als Kennerin moderner Kunst auch solche im Schloss hängen?
In meiner Wohnung in Regensburg hängt viel zeitgenössische Kunst. Auch in Rom habe ich meine Bilder aufgehängt. Ich liebe moderne Kunst und umgebe mich im Alltag gerne mit ihr.

Ist es schwer, ein Schloss wie St. Emmeram für die Nachwelt zu erhalten?
Oh ja! Das erfordert unheimlich viel Engagement und Einsatz, vor allem von unseren Mitarbeitern. Wir könnten das Schloss gar nicht so in Schuss halten, wenn wir es nicht alle lieben und gerne dort arbeiten würden.

Welche Rolle spielen dabei Brautmodenschauen im Schloss, Einrichtungsausstellungen im Park oder die Thurn-und-Taxis-Schlossfestspiele?
Diese Events sind wichtig, um mehr Publikum anzulocken. Ein Dornröschen-Schloss stirbt irgendwann. Wir müssen versuchen, St. Emmeram als Austragungsort für verschiedenste Ereignisse attraktiv zu machen.

Es gab Pläne, Teile des Schlosses in ein Fünf-Sterne-Hotel umzubauen. Warum wurden sie nicht realisiert?
Weil der Umbau zu teuer geworden wäre und die Hotelbetreiber-Gesellschaft den Umbau nicht alleine schultern wollte. Ich wäre froh gewesen, wenn es geklappt hätte, aber leider können wir so ein großes Projekt nicht aus eigener Tasche finanzieren.

Sie sagten einmal, Ihr Mann habe ein „anachronistisches Leben" geführt.
Das habe ich nie gesagt. Außerdem

www.merian.de MERIAN 31

stimmt es nicht. Mein Mann stand mitten im Leben. Er war ein Grandseigneur. Aber das ist kein Anachronismus, auch wenn Grandseigneurs leider auszusterben scheinen.

Was meinen Sie damit? Was hat sein Auftreten geprägt?
Mein Mann wurde 1926 geboren, ich 1960. Er hatte also einen Epochenwechsel erlebt, den ich nur aus Büchern kenne, zum Beispiel den Zweiten Weltkrieg. Oder auch die Zeitgeist-Revolution der 60er Jahre – da war er um die 40. Sicher hat ihn das auch geprägt.

Sie haben auch einmal gesagt: „Es ist mein Stolz und mein ganzer Ehrgeiz, … eine gute Fürstin zu sein". Was macht heute eine gute Fürstin aus?
Ich glaube, dass mein persönliches Engagement für die Familie und das kulturelle Erbe des Hauses der Beitrag ist, der meine Zeit als Fürstin prägt.

Wie erzieht man einen Sohn zum Fürsten?
Man erzieht heute keinen Fürsten mehr. Heute geht es vor allem darum, den Kindern Verantwortungsbewusstsein einzuprägen. Für die Familie, aber auch für die Gesellschaft. Im christlichen Abendland spielt die Verantwortung für die Mitmenschen eine wichtige Rolle. Dieses Erbe dürfen wir nicht verschleudern. Das ist und war mir in der Erziehung immer wichtig.

Auf welche Werte kommt es an? Hat der Adel andere Werte als die bürgerliche Gesellschaft?
Nein. Der Adel hat vielleicht ein ausgeprägteres Geschichtsbewusstsein, und daher leben die Vorfahren auch als Vorbilder, manchmal auch als abschreckende Beispiele in der Familiengeschichte immer fort. Man ist also entweder auf seine Vorfahren stolz und möchte sie nachahmen. Oder aber man versucht, es besser zu machen. Das Bewusstsein dafür ist im Adel vielleicht stärker als im sogenannten Bürgertum. In jedem Fall geht es beim Adel sehr viel um Herkunft und Geschichte. Das ist meiner Meinung nach der wesentliche Unterschied.

Ihr Sohn Albert II. ist volljährig, führt heute die Geschäfte des Hauses. Haben Sie sich bereits aus der Führungsetage verabschiedet?
Mein Sohn arbeitet in der Investmentbranche und bildet sich nebenbei noch weiter als Finanzanalytiker. Wichtige Entscheidungen für das Haus fällen wir gemeinsam.

Könnten Sie hinnehmen, wenn Ihr Sohn nicht standesgemäß, also adlig, katholisch, jungfräulich, heiratet?
Um Gottes Willen, was haben Sie denn für Vorstellungen? Mein Sohn ist alt genug, um zu wissen, was er tut. Ich mische mich nicht in seine Herzensangelegenheiten ein, es sei denn, er würde mich um Rat fragen.

Womit beschäftigen Sie sich derzeit vor allem?
Im Augenblick konzentriere ich mich auf die Regensburger Schlossfestspiele und bereite mich auf meine Rolle als Gastgeberin und Schauspielerin auf das Stück „Pippi Langstrumpf" vor.

Was sind Ihre Pläne für die Zukunft?
Das lasse ich auf mich zukommen. An Arbeit fehlt es nicht, und ich freue mich auf neue Herausforderungen.

In einer Hamburger Zeitung stand vor Jahren über Sie: „169 cm groß, 52 Kilogramm, Augen rehbraun, kleine Nase, schöne Beine, Haarfarbe wechselnd, Hobbys: schwimmen, reiten, Ski laufen, mit Kindern spielen, lachen, telefonieren, reisen, tanzen. Und Schlagzeilen machen."

Was stimmt davon heute noch?
Also, telefoniert habe ich nie gerne, getanzt und geschwommen auch nicht. Ich spiele gerne Tennis, liebe jede Form von Wassersport, lese gerne. Mit Kindern spiele ich immer noch gerne und lachen tue ich auch sehr viel. Reisen macht auch noch Spaß, nur Ski laufen habe ich aufgegeben, nachdem die Pisten so voll sind und ich die Kälte nicht mehr so gut ertragen kann.

Ich danke Ihnen für das Gespräch.

»Adlig zu sein bedeutet, einer aussterbenden Spezies anzugehören. So etwas wie eine seltene Orchideen-Art«

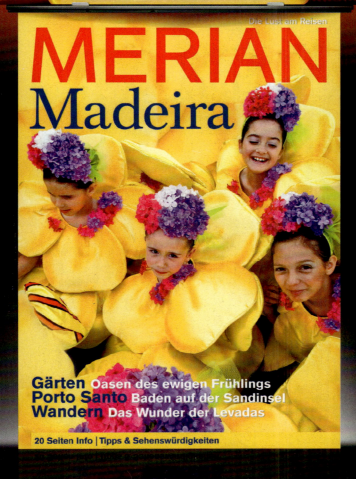

WELTREISE MIT MEILENSTIEFELN – MERIAN IM ABO!

Partner von
Miles & More
Lufthansa

Lassen Sie sich entführen: Zwölfmal im Jahr versetzt Sie das MERIAN Magazin an Destinationen, die Lust machen auf Reisen und Entdecken, Lernen und Kennenlernen, Kulturen und Hintergründe. Und jetzt kommen Sie den attraktivsten Reisezielen schon beim Lesen näher, denn MERIAN schreibt Ihnen für ein Abo 3.500 Prämienmeilen von Miles & More, dem Vielfliegerprogramm von Lufthansa, gut. Starten Sie gleich und freuen Sie sich auf die Höhepunkte der Lust am Reisen in der ganzen Welt!

Bestellen Sie Ihr Abonnement einfach per Telefon unter 0 40/87 97 35 40, per Fax unter 0 40/27 17 20 79, per E-Mail unter leserservice@jalag.de oder schicken Sie diesen Coupon an: MERIAN Leserservice, Postfach 60 12 20, 22212 Hamburg

3.500 Miles & More Prämienmeilen für ein 1-Jahresabo

❏ **Ja, ich möchte MERIAN abonnieren.** Senden Sie mir MERIAN ab der nächsten Ausgabe zwölfmal pro Jahr innerhalb Deutschlands zum Vorteilspreis von € 81,50 (Einzelheft € 7,95) inkl. Porto zu und schreiben Sie mir dafür 3.500 Miles & More Prämienmeilen gut (Auslandspreise auf Anfrage). Das Abonnement senden Sie bitte an folgende Adresse:

Name/Vorname des neuen Abonnenten

Straße/Hausnummer

PLZ   Wohnort

Telefon (tagsüber)

E-Mail

Gewünschte Zahlungsweise (bitte ankreuzen)
❏ Bequem und bargeldlos durch Bankeinzug

Kontonummer   Bankleitzahl

Geldinstitut

❏ Die Prämienmeilen bitte auf meinem Miles & More Konto gutschreiben. Kartennummer:

❏ Ich bin noch kein Miles & More Teilnehmer.
Bitte kurze Info an Miles & More zur Eröffnung eines kostenlosen Miles & More Kontos. Meine Prämienmeilen werden automatisch dem neuen Konto gutgeschrieben.

❏ Nach Rechnungsempfang, ohne Vorauszahlung

Datum/Unterschrift des Bestellers/neuen Abonnenten

Vertrauensgarantie: Die Bestellung wird erst wirksam, wenn sie nicht binnen zwei Wochen schriftlich beim MERIAN Leserservice, Postfach 60 12 20, 22212 Hamburg, widerrufen wird. Zur Wahrung der Frist genügt die rechtzeitige Absendung des schriftlichen Widerrufs. Dieses Angebot gilt nur in der Bundesrepublik und solange der Vorrat reicht.

❏ Bitte informieren Sie mich (ggf. per E-Mail) über weitere interessante Angebote
ME9/09-27801

MERIAN
Die Lust am Reisen

Ein offenes Haus: Wie viele andere Prunkräume in St. Emmeram ist auch der Gobelinsaal zu mieten. An den Wänden hängen Brüsseler Wandteppiche, von Rubens-Schülern entworfen

Die Firma T&T

Mit dem Unternehmen Post wurde die Familie Thurn und Taxis reich und adlig. Generationen später stand sie kurz vor der Pleite – bis Gloria den Konzern rabiat sanierte

TEXT **ROLF THYM** FOTOS **THOMAS SCHWEIGERT**

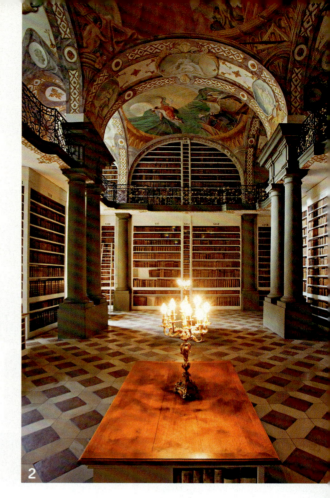

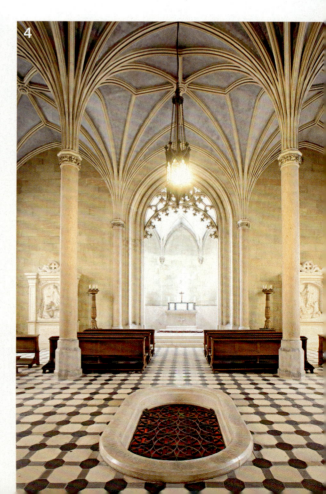

1 Schlafgemach der Fürstin Therese von 1817 **2** Cosmas Damian Asam gestaltete nur einen einzigen Bibliothekssaal: die damalige Kloster- und heutige Hofbibliothek von St. Emmeram **3** Die Hauskapelle von 1892 dient der Familie für private Messen **4** Lichtes Mausoleum: neugotische Gruftkapelle von 1843

St. Emmeram ist ein Koloss. Ein riesiges Schloss, das die Familie von Thurn und Taxis viel Geld kostet. Also hat das alte Prachtgemäuer nach Kräften zur Mehrung der Einnahmen beizutragen. Überhaupt gibt sich das Familienunternehmen T&T heute konsequent kostenbewusst – nach all den Jahren feudaler Prasserei mit spanischem Hofzeremoniell, livrierter Dienerschaft und rauschenden Partys. Ist alles Geschichte.

Nun steht die einst wie von einer Glasglocke beschützte Schlosswelt den Bürgerlichen offen, natürlich gegen Bezahlung: Sommers gibt ein Konzertveranstalter im Innenhof die Schlossfestspiele, im Dezember stehen hier die Buden eines Weihnachtsmarkts. Marstall, Park sowie einige Prunkräume werden für Hochzeitsmessen, Firmenfeiern, Produktpräsentationen und private Partys vermietet – zum Preis von 3500 bis 17 000 Euro pro Abend. Regelmäßige Einnahmen bringen eine Seniorenresidenz, das Museumscafé und die Büros, in denen Anwälte und Immobilienverwalter residieren.

Emmeramsplatz 5 – das ist in der ohnehin beeindruckenden Regensburger Altstadt eine äußerst elitäre Adresse und eine, die neugierig macht. Touristen bezahlen gern 11,50 Euro für eine Schlossführung, um den Eigentümern in die Zimmer zu schauen. Natürlich nicht in die privaten, aber immerhin in die kunsthistorisch wertvollsten und prunkvollsten Räumlichkeiten: Thronzimmer, Ballsaal, Gobelinsalon, Spiegelsalon, Gelber und Grüner Salon, Wintergarten und – gleich zu Beginn der Führung – das große Esszimmer. Hier bitte die Familie ihre Gäste bis heute bei besonderen Anlässen an einen Tisch aus kaukasischem Nussholz, erzählt die Schlossführerin. Ein beeindruckender venezianischer Lüster illuminiert die Tafelrunde, und an den Wänden hängen wuchtige Teppiche, auf denen immer wieder ein Dachs und ein Turm verewigt sind – die beiden Wappenzeichen derer von Thurn und Taxis.

Die waren einst Italiener, sesshaft in Cornello bei Bergamo, hießen Tasso („Dachs") und entstammten angeblich dem hochadligen Geschlecht der Torriani („die vom Turm"). Reich, sehr reich wurde die Familie Taxis mit der Erfindung des modernen Postwesens. Unter der Kontrolle der Familie ent-

Der richtige Rahmen für rauschende Feste: Ballsaal mit Neorokoko-Elementen

standen Postlinien, die alle wichtigen Ort des Kaiserreichs verbanden. 1695 wurde die Familie, die sich inzwischen Thurn und Taxis nannte, in den Fürstenstand erhoben – und verlegte 1748 ihren Wohnsitz von Frankfurt am Main nach Regensburg, um dort beim Immerwährenden Reichstag den Prinzipalkommissar, den Vertreter des Kaisers, zu stellen. Nach Auflösung des Regensburger Reichstages 1806 betrieben die Thurn und Taxis von Frankfurt aus zunächst ihr eigenes Postunternehmen weiter. Das Regensburger Schloss ist seit 1812 Stammsitz der Familie – schade nur, dass während des einstündigen Rundgangs niemand von der Eigentümerfamilie zu sehen ist.

Andererseits muss sich der Besucher so aber auch keine Gedanken machen, wie er denn die aus Klatschpresse und Talkshows bekannte Mariae Gloria Ferdinanda Joachima Josefine Wilhelmine Huberta von Thurn und Taxis, geborene Gräfin und Herrin von Schönburg zu Glauchau und Waldenburg, korrekt ansprechen sollte: als Ihre Durchlaucht, weil sie sich Fürstin nennt? Oder so, wie es die Weimarer Verfassung von 1919 vorsieht, die den Fürsten-Herrschertitel abgeschafft hat und nur noch gemeinsame Familiennamen-Bestandteile wie Prinz und Prinzessin gelten lässt?

Zu Beginn der 1990er Jahre hat sich die Regensburger Gerichtsbarkeit korrekt für die Anrede „Prinzessin" entschieden, als etliche Klagen von gekündigten Thurn-und-Taxis-Mitarbeitern vor dem Arbeitsgericht verhandelt wurden. Diese Prozesse bildeten seinerzeit das für die Betroffenen keineswegs amüsante Nachspiel zu einem Wirtschaftskrimi, in dem Gloria Prinzessin von Thurn und Taxis angeblich die Täterin war – oder das Opfer. Da gehen bis heute die Meinungen der Beteiligten stark auseinander.

Es entwickelte sich jedenfalls eine bizarre, von Machtkämpfen und Intrigen durchfurchte Geschichte, die ihren Ursprung in einer unternehmerischen Weichenstellung hatte, welche der Gemahl Glorias vornehmen wollte: Johannes von Thurn und Taxis – bekannt als Lebemann und Exzentriker, der 1980 im fortgeschrittenen Alter von 53 Jahren die 20-jährige und in München als Partynudel bekannte Gloria Gräfin von Schönburg zu Glauchau geheiratet hatte.

Johannes war nicht mehr zufrieden mit den Erträgen seines bislang eher bedächtig geführten Familienunternehmens. Das bestand damals im wesentlichen aus der Thurn-und-Taxis-Bank, zwei Brauereien, einem großen Industriebetrieb für elektrische Kontaktmaterialien, Immobilien, Landwirtschaft und Forsten. Der Schlossherr feuerte seinen alten Verwalter und heuerte hochqualifizierte Manager an, die eine international operierende Geldmaschine entwarfen. Heraus kam eine weit verzweigte Holding mit etwa 50 Firmen und Beteiligungen, die allerdings einige Nachteile hatte: Der wirtschaftliche Umbau verursachte erst einmal

Kostbare Ablage: Die 270 laufenden Meter Akten zur Postgeschichte gehören zu den wertvollsten Beständen der insgesamt 200 000 Bände umfassenden Hofbibliothek

deutlich mehr Schulden als Gewinne, und er war für Nicht-Fachleute kaum mehr zu überblicken. Als dann die Manager auch noch Stiftungsmodelle für einen möglichst steuersparenden Übergang des Vermögens an den späteren Alleinerben Albert vorschlugen, befürchtete Gloria, die Familie (also auch sie) könne im eigenen Haus entmachtet werden. Mit durchaus raffinierten Methoden trug sie wesentlich dazu bei, dass die T&T-Führungsriege geschasst wurde, begleitet von heftigem Mediengetöse und einer Vielzahl von Arbeitsgerichts- und Zivilprozessen, die – soweit das zu überblicken ist – alle zu Ungunsten des Adelshauses ausgingen.

Am Ende aber hatte sich Gloria von Thurn und Taxis durchgesetzt: Nach dem Tod ihres Mannes, der 1990 nach zwei missglückten Herztransplantationen starb, wurde sie als gesetzliche Vertreterin ihres minderjährigen Sohnes eingesetzt, der mit seinem 18. Geburtstag im Jahr 2001 das Alleinerbe des Haus- und Stammvermögens antrat. Während Alberts ältere Schwestern Maria Theresia und Elisabeth im weitesten Sinne künstlerischen Studien nachgehen, studiert er im schottischen Edinburgh Wirtschaftswissenschaften und Theologie und macht sich in einer Zusatzausbildung in der Schweiz auf dem weiten Feld der Vermögensverwaltung fit für die Verantwortung, die sein Vermögen mit sich bringt. Wie hoch das anzusetzen ist, traditionell schweigt man darüber im Hause T&T. Das amerikanische Wirtschaftsmagazin „Forbes" führt ihn auf seiner Liste der Superreichen: Danach soll Albert von Thurn und Taxis Werte in Höhe von 2,1 Milliarden Dollar besitzen (Stand 2009).

Dies ist allein schon deswegen beachtlich, weil Alberts Mutter Gloria – die noch immer als Generalbevollmächtigte fungiert – seit 1990 das einstige Firmenimperium rigoros zusammengestutzt hat. Verkauft wurden: die T&T-Bank, die beiden Brauereien, ein Industrieunternehmen und zahlreiche Beteiligungen. Dramatisch reduziert wurde seit 1990 die Zahl der T&T-Beschäftigten von 4000 auf 100. Übrig geblieben sind im Wesentlichen ein umfangreicher Immobilienbesitz vor allem in Regensburg und Süddeutschland, Landwirtschaftsbetriebe mit 1100 Hektar Fläche, 21000 Hektar Wald und eine unbekannte, schätzungsweise aber sehr stattliche Summe an Barschaften. Allein zwei von Sotheby's organisierte Versteigerungen von allerlei Pretiosen und Schlossinventar brachten einen zweistelligen Millionenbetrag in die T&T-Kasse.

Eine weitere Auktion mit erheblichen Teilen des T&T-Hofschatzes war zwar geplant, sie erledigte sich aber durch ein ziemlich einmaliges Tauschgeschäft. Der Freistaat Bayern übernahm 1993 die wertvolle Sammlung im Wert von 44 Millionen Mark und erließ der Familie Thurn und Taxis im Gegenzug einen Teil der Erbschaftsteuer. Seit 1998 ist in einem Seitenflügel des Schlosses eine Filiale des Bayerischen Nationalmuseums untergebracht, in der eben dieser nun staatliche Fürstenschatz ausgestellt ist.

Wer der Familie T&T noch Gutes tun möchte, muss nur den Onlineshop des Regensburger Schlosses besuchen und einen Fanartikel erwerben – etwa einen Plüsch-Dachs für 5,90 Euro. Dem Haus sind selbst kleinere Beträge willkommen: „Jeder Euro zählt", sagt der T&T-Manager Stephan Stehl. Zerschlagen nämlich hat sich auch die Idee, große Teile des herrschaftlichen Anwesens für den Bau einer städtischen Kulturhalle zu nutzen – da machte der Denkmalschutz nicht mit. Gegen den nächsten Plan, 110 Zimmer des Schlosses mit Hilfe eines Investors zu einem Fünf-Sterne-Hotel samt Spa-Bereich und Edel-Gastronomie umzurüsten, hatten die staatlichen Bautenbewahrer keine Einwände – jedoch „waren die wirtschaftlichen Risiken nicht abwägbar", sagt Stehl, „deswegen haben wir das zu unserem großen Bedauern absagen müssen." Nun überlegt der Manager, ob nicht etwa ein Postgraduierten-Seminar gut zu dem historischen Bau passen könnte. Platz gibt's schließlich genug auf St. Emmeram. ■

Rolf Thym hat als Korrespondent der Süddeutschen Zeitung seit 20 Jahren die Firma T&T journalistisch verfolgt.

MERIAN | ST. EMMERAM

Größer als Buckingham Palace?

Hinter hohen Mauern und einem Park versteckt sich am südlichen Rand der Altstadt das Schloss St. Emmeram – eine Mischung romanischer, gotischer und barocker klösterlicher Bausubstanz mit feudaler Architektur des Klassizismus und der Neurenaissance. Die Ursprünge der weitläufigen Anlage reichen ins 8. Jahrhundert zurück. Benediktiner gründeten am Grab des Bischofs und Märtyrers Emmeram ein Kloster, das bis zur Säkularisation im Jahr 1810 bestand. Der bereits in Regensburg ansässigen Fürstenfamilie Thurn und Taxis wurde der Klosterbau 1812 als Entschädigung für den Verlust der bayerischen Postrechte zuerkannt – seither ist Emmeram Sitz derer von Thurn und Taxis. Bauhistorisch von besonderer Bedeutung sind der früh- und hochgotische Kreuzgang und der Mitte des 18. Jahrhunderts entstandene Bibliothekssaal, der von dem bayerischen Barockmaler Cosmas Damian Asam kunstvoll ausgestaltet wurde. Nach der Übereignung an Thurn und Taxis wurden die alten Klostergebäude im 19. und 20. Jahrhundert durch umfangreiche Um- und Anbauten ergänzt. Die ineinander verschachtelten Geviere des gesamten Komplexes umschließen fünf Innenhöfe. Nicht restlos aufklären lässt sich die immer wieder von Schlossführern aufgestellte Behauptung, dass St. Emmeram größer sei als der Buckingham Palace, der 775 Räume zählt. T&T-Experten nennen für St. Emmeram mal 500 Zimmer, dann auch wieder 900. Weite Teile des T&T-Stammsitzes sind heute ungenutzt.

Ein Schloss mit vielen freien Zimmern: Blick auf den Kurfürstenhof

DER ZWEITE BLICK AUF DIE STEINERNE BRÜCKE

Wunder am Wasser

Ein Höhepunkt mittelalterlicher Ingenieurskunst: Die Brücke über die Donau war über Jahrhunderte einzigartig und stilprägend in ganz Europa

Jede Zeit hat ihre Wunder, und das 12. Jahrhundert hatte die Steinerne Brücke. „Der prueck gleicht kaine in Deutschland", schwärmte 1569 der Nürnberger Poet Hans Sachs, und damit untertrieb er: Ein solches Bauwerk gab es nirgends sonst. 15 Pfeiler, bis zu 7,60 Meter breit in einen Fluss zu setzen und darüber 16 Bögen mit einer lichten Weite von bis zu 17 Metern zu konstruieren, das Ganze in einer Länge von 336 Metern – damit hatten die Regensburger Ingenieure zum ersten Mal die Baukunst römischer Pontifices erreicht, wenn nicht übertroffen. Heute sind nur noch 309 Meter zu sehen, der erste Bogen verschwand 1551 unter einem Bau, dem er bis 1914 als Keller diente. Dann wurde auch dies Gebäude abgerissen, um Platz für die neue Straßenbahn zu schaffen. Der mittelalterlich wirkende Hausbogen neben den Brückenturm ist ein Neubau.

Im trockenen Sommer 1135 war der erste Damm zur Umleitung des Wassers angelegt. Eine immense Baumasse musste bewegt werden, Kies, Steine, Kalk und Holz. Bis heute ruhen die Pfeiler auf Eichenstämmen, die im Kiesbett des Flusses als Schwellenroste den Grund sichern. Und das in einer Donau, die in den damaligen Wintern viel mehr Eis führte als heute und auf der im Frühling Totholz aus den Wäldern trieb. Da erstaunt es um so mehr, dass die Bauzeit nur elf Jahre betrug – bis 1146. Schon die Zeitgenossen nannten das Bauwerk ein achtes Weltwunder, die Steinerne Brücke wurde für Jahrhunderte zum Maß aller Dinge, das Vorbild für wichtige große Brücken vom 12. bis 14. Jahrhundert, ob in London, Prag oder Avignon. Bis ins 19. Jahrhundert, als die ersten Stahlkonstruktionen in Budapest und Wien die Donau querten, gab es auf den knapp 2400 Kilometern zwischen Regensburg und dem Schwarzen Meer keine bedeutendere Brücke.

Um die Pfeiler vor Unterspülung zu schützen und Eis wie Treibgut fernzuhalten, wurden sie von spitz zulaufenden Inseln umgeben, so genannten Beschlächten. Sie sind so mächtig, dass auf einigen von ihnen Mühlen arbeiten konnten. Im 17. Jahrhundert wurden diese Konstruktionen zusätzlich verbreitert, um den Durchfluss zu verengen, das Wasser somit zu beschleunigen und die Mühlen auf den Steininseln stärker anzutreiben. Das sollte sich rächen: 1784 wurden die Mühlen so stark von Eis beschädigt, dass sie abgerissen wurden. Auch der mittlere Turm wurde dabei schwer beschädigt, er stürzte ein. Wenig später, 1810, musste auch der nördliche, der „Schwarze Turm" beim Abriss weichen.

Die breiten Beschlächte allerdings beschleunigten das Wasser nicht nur, sie stauten es zuvor derart, dass zwischen Ober- und Unterwasser ein Höhenunterschied von gut einem halben Meter entstand. Entsprechend stark sind die Strudel, die sich flussabwärts bildeten und die mittlerweile Strudellöcher von bis zu neun Metern Tiefe ins Flussbett gegraben haben. Für die Schiffahrt war das schwierig – abwärts ging es mit Schwung, aufwärts aber musste mit viel Kraft und Geschick getreidelt werden. 1914 wurde das Problem endlich elektrisch gelöst: Der „Regensburger Schiffsdurchzug" hievte die Schiffe mit Motorkraft durch die Schnellen. Gerade noch rechtzeitig, denn damals wurde die Brücke zum Hindernis für die Schiffahrt. Ihr Abriss war ernsthaft im Gespräch.

Die Brücke hat es überstanden, wie sie Kriege und Katastrophen überlebt hat. Die Schlacht der napoleonischen und bayerischen Truppen gegen die Österreicher 1809 hinterließ dauerhafte Schäden, der Nordturm war nicht mehr zu retten. Noch 1945 sprengten die Nazis aus Furcht vor der heranrückenden US-Armee zwei Pfeiler, den Zweiten und Elften, in die Luft, um die Brücke unpassierbar zu machen. Erst 1967 wurden diese Schäden nachhaltig beseitigt. Richtig in Gefahr geriet das einstige Weltwunder aber erst durch den anwachsenden Verkehr: Autos, Straßenbahn und Busse rüttelten stärker an den alten Steinen als Eisschollen, Kanonenkugeln und Sprengstoff.

Im Ringen um die Erhaltung der mittelalterlichen Stadtgestalt stand die Sanierung der Steinernen Brücke dennoch lange Zeit hintan. Es war ein unendlicher Entscheidungsprozess, bis die einzige vollständig erhaltene romanische Steinbrücke Deutschlands vom Autoverkehr befreit war: Das geschah erst 1997, dank des engagierten Einsatzes vieler Bürger und gegen den Willen der Stadt. 2008 endlich folgte die totale Sperrung der Brücke auch für Busse und Taxis. Und erst ab 2010 wird, nach vielen Voruntersuchungen, die behutsame Erneuerung in Angriff genommen. ∎

40 MERIAN www.merian.de

1644 Als Matthäus Merian seinen „Schönen Prospect" stach, standen noch alle drei Brückentürme. Die Brücke erscheint gerade, allerdings geht auch der Blick aus imaginärer Höhe herab

2006 Aus der Luft zeigt sich, dass die Brücke einen leichten Knick hat. Womöglich sind die Pfeiler mit der Strömung gewandert, geringe Risse wurden immer wieder ausgebessert

2000 Jahre in

Ein Gesandter erstattet Bericht vom Immerwährenden Reichstag: Der Keller des Rathauses wird zur Bühne, wenn Schauspieler bei Stadtführungen die wechselvolle Geschichte Regensburgs in Szene setzen

Regensburg ist von Kriegen, Katastrophen und Abrissbirnen nahezu verschont geblieben. Ein Spaziergang durch eine uralte Metropole, in der Geschichte und Gegenwart miteinander leben

TEXT **RENATE JUST** FOTOS **TOBIAS GERBER** UND **ARTHUR F. SELBACH**

zwei Stunden

Kulturzentrum des Früh- und Hochmittelalters: Der Kreuzgang gehört zum ältesten Sakralbau der Stadt – dem ehemaligen Benediktinerkloster St. Emmeram

Vom Himmelbett im Hotel berührt man die alten RÖMERMAUERN

Wer in Regensburgs Altstadtlokalen ein stilles Örtchen aufsucht, der steigt oft tief, tief hinab in die Vergangenheit wie in einen Brunnen. Die oberirdischen Goberirdischen Gasträume im „Café Prock", im Zanthaus, im „Orphée" mögen noch so chic und zeitgenössisch sein, auf dem Weg zu Damen/Herren tappt man steile und krumme Steinstufen hinab bis ins frühe Mittelalter, der Regensburger Stadtkern ist fast lückenlos aus romanischer Zeit unterkellert. Manchmal blickt man beim Händewaschen nichtsahnend sogar in die Zeiten römischer Legionäre – durch eine Plexiglasabdeckung hinab in einen schwarzen Felsenschlund.

Regensburg lebt locker mit den Jahrtausenden. Im Hotel „Bischofshof" ragen die Felsblöcke und Rundbögen der römischen Porta Praetoria von anno 179 bis in die Hotelzimmer – gleich neben dem Himmelbett lässt sich der behauene Stein aus Mark Aurels Tagen betasten. Die Haarstylisten des Friseursalons „Laufsteg 36" in der Oberen Bachgasse schnippeln in der ehemaligen romanischen Kreuzkapelle, hinter einem Schaufenster mit Drachen- und Fabelwesenkapitellen von 1190. Und einer der schönsten Orte für den Caffè Latte zwischendurch ist der Kreuzgang einer gotischen Bettelordenskirche: Im Hof des Minoritenkonvents, heute das Café des Historischen Museums, sitzt man wie in einem klösterlichen Genrebild – Füße im Gras, im Blick Ziehbrunnen, Weinlaubranken, Blankziegelmauern und mittelalterliches Maßwerk. Es fehlt bloß noch ein gregorianisches Chorgebet, das aus dem Kircheninneren dringt.

Uneinnehmbar: Die Porta Praetoria ist eines der vier imposanten Tore, die in das Römerlager Castra Regina führten

Die Mauer steht noch: Vor 1800 Jahren befestigten die Römer ihr Lager. Am St.-Georgen-Platz liegen die behauenen Großquader frei

Der Immerwährende Reichstag machte die Stadt zur POLITBÜHNE

Der Reichsadler thront über dem Erker: In der Neuzeit wird der mittelalterliche Tanzsaal der Stadt zum Plenarsaal des Heiligen Römischen Reichs Deutscher Nation umfunktioniert

Die selbstbewusste Stadt: An der Außenfassade bewachen seit 1410 die beiden Wächter „Schutz und Trutz" den Saal des Alten Rathauses

Den Rundgang durch die verwinkelte, altersgesättigte Stadt beginnt man am aber besten dort, wo sie weit und offen ist, an ihrer Wasserseite. Schon vor acht Uhr morgens steigt hier ein dünner weißer Rauch in den Himmel, und am Donauufer riecht es nach Kräutern, Speck, Holzkohle – auf den Rosten der „Wurstkuchl" werden bereits zum Frühstück die „Sechse auf Kraut" gebrutzelt. Und dann steht man auf jenem Denkmal, mit dem jede Altstadtwanderung beginnen sollte: auf der vielbogigen, fast 900 Jahre alten Steinernen Brücke, Mitteleuropas grandiosestem Brückenbauwerk, herrscht so früh am Tag noch kein touristisches Gedränge. Ein frischer Wind weht über dem strudelnden Donauwasser, und eigentlich müssten jetzt Fanfaren ertönen zu dieser Stadtsilhouette in Breitwand. Frei schweift der Blick vom Niedermünster bis zu St. Oswalds grünem Dachreiter, über Domtürme, Bürgertürme, Tore, über Kaimauern und wuchtige Dächer.

Das große Panoramabild der Stadt am Strom – man trägt es mit sich ins schattige Gassengewirr hinein, wo es eng wird und wuselig. Eine Fülle an Details ist hier zu entdecken, jedes hat seine eigene Geschichte, interessant, bisweilen kurios. Das Goliathhaus zum Beispiel, eine massige, zinnenbekrönte Patrizierburg zwischen Goliathstraße und Watmarkt, ist ein wahres Geschichtsbuch. Es war seit dem 13. Jahrhundert Wohn- und Geschäftshaus wohlhabender Händlerfamilien, in der Renaissance kam erst das gigantische Außenfresko des Kampfs zwischen David und Goliath dazu. Der kleine Frosch, der zwischen Halmen hervorlugt, stammt allerdings aus dem 19. Jahrhundert: Damit karikierte der Restaurator Hans Kranzberger um 1845 den pensionierten Beamten Anton von Quentel, der täglich im grasgrünen Frack vorüberritt; spätere Restauratoren befreiten den Frosch von seinen Sporen und dem Schnurrbart.

An der Rückseite des Goliathhauses überrascht eine Tafel aus neuer Zeit. Sie erinnert an einen couragierten Mann inmitten des NS-Terrors, an Oskar Schindler. Der Retter von mehr als 1200 Juden mittels seiner später berühmten Liste lebte nach 1945 unter kümmerlichen Umständen an der Adresse Watmarkt 5 – im Goliathhaus waren damals viele bitterarme Flücht-

Politik am grünen Tisch und jede Menge Intrigen. Der Immerwährende Reichstag war eine Mammutsitzung – begleitet von zahllosen Affären, Krisen und Krimis hinter den Kulissen

Die jüdische Gemeinde im ewigen WECHSELBAD von Toleranz und Terror

Oskar Schindler lebte nach 1945 völlig mittellos im Goliathhaus am Watmarkt (oben). Juden halfen ihm aus der Armut. Zeugnisse der Zerstörung: 1519 trieben die Regensburger Christen die Juden aus der Stadt. Ihre Grabsteine verbauten sie stolz in ihren Häusern. Manche deckten auch ihre Aborte damit ab

linge einquartiert. Nach vier Jahren emigrierte das Ehepaar Schindler mit Hilfe überlebender „Schindlerjuden" nach Argentinien. Heute lässt es sich auf der Dachterrasse des Goliathhauses im Restaurant „David" fein speisen.

Um den Watmarkt, die Wahlenstraße und den Kohlenmarkt, am Rathaus- und am Haidplatz zeigt sich die aufpolierte Regensburger Altstadt von ihrer geschäftigsten Seite. Hier ballen sich die prächtigsten historischen Bauten mit zahllosen Läden, Lokalen und Cafés, davon fühlen sich allerdings alteingesessene Bewohner inzwischen auch geplagt – die „höchste Kneipendichte nach Düsseldorf" ist nicht jedermanns Freude.

Hinter der Grieb zum Beispiel – das war mal eine moderige, abblätternde Krummgasse, schwärzlich und desolat. Jetzt zeigt man hier stolz Italianità-Lebensgefühl, ein farbenfroh getünchtes In-Lokal reiht sich ans andere, die Tischchen in Gassen und Innenhöfen, die Clubs unter den mittelalterlichen Türmen brummen. Beim höchsten und bedeutendsten Geschlechterturm der Stadt, dem „Goldenen Turm" in der Wahlenstraße, sind Studenten in einem Uni-Wohnheim einquartiert, und im Baumburger Turm am Watmarkt dreht das ZDF regelmäßig Folgen der Krimiserie „Kommissarin Lucas". Der mittelalterliche Haidplatz ist allabendlich angesagte Flaniermeile, und im „Café Wichtig", wie das Lokal in Kaiser Karls V. Herberge „Goldenes Kreuz" heute genannt wird, begutachten sich die hippen Stadtbewohner gegenseitig.

Auch auf Zeugnisse dunkler Zeiten stößt man immer wieder. Im Hofraum von Hinter der Grieb 2 ist einer der zahlreichen „Judensteine" zu sehen, einer Frau namens Genele, der Tochter des Rabbi Jekutiel, gewidmet. Die hebräischen Grabsteine mauerten die christlichen Regensburger Bürger ab 1519 in ihre Hauswände ein, als demonstrative Jagdtrophäen nach der schmählichen Austreibung der großen Regensburger Judengemeinde und der Zerstörung des jüdischen Wohnviertels. „Laus Deo", „Lob sei Gott", ließ der Kämmerer Caspar Aman in seinen Beutestein meißeln. An vielen Orten lassen sich die „Judensteine" noch entdecken: bei Hausnummer 7 am Neupfarrplatz, der auf den Trümmern des Judenviertels angelegt wurde,

Geschichte in Pastelltönen: Die Kramgasse ist Teil des intakten, mittelalterlichen Händlerviertels. Auch heute florieren hier die Geschäfte

MERIAN | DENKMALPFLEGE

Vom Schandfleck zum Schmuckkästchen

Noch vor 40 Jahren hätte mancher Stadtrat gern die heruntergekommenen Altbauten abgerissen, in denen damals arme Leute wohnten. Doch es fehlte das Geld. Zum Glück für Regensburg

Die Stadt war längst nicht immer stolz auf ihre alten Bauten. Gerade verschont von den Bomben, lief die gesamte Altstadt nach 1945 Gefahr, abgerissen zu werden. Erst in den 1960er und 1970er Jahren begann man mit der Sanierung – damals noch mit enormen Verlusten an historischer Substanz: Aus der Flächensanierung wurde erst allmählich eine von Einzelobjekten und daraus schließlich – viel später – ein Erfolgsmodell. Viel dazu beigetragen haben zwei Bürgerinitiativen – die „Altstadtfreunde" und das „Forum Regensburg". Ebenso eine Schar engagierter Denkmalpfleger.

Das 1973 in Kraft getretene bayerische Denkmalschutzgesetz bestand damals in Regensburg seine Bewährungsprobe: Nach langem Kampf musste die City Center GmbH ihre Pläne aufgeben, ein Kongresszentrum mitten in die Altstadt zu klotzen – damit wäre eine Schneise in die historische Bausubstanz geschlagen worden. Auf dem Plan stand der Abbruch ganzer Häuserblocks und die Entkernung des Neurokokohotels „Maximilian". Für ein noch wesentlich bedeutsameres Areal kam das Gesetz zu spät: Exakt in der Stadtmitte, auf dem Neupfarrplatz, wurden in den Jahren nach 1965 Abbrüche in einem Umfang vorgenommen, „die einem schweren Bombenschaden gleichzusetzen sind", klagte 1999 Markus Harzenetter. Der damalige Leiter der Unteren Denkmalschutzbehörde listete auf: „22 Anwesen, darunter hochbedeutende Baudenkmale, mussten einem Kaufhaus- und zwei Sparkassenneubauten weichen; der Platz Am Spielhof und die Schlossergasse wurden vollständig aus der Straßenkarte Regensburgs radiert …"

Was hier im einstigen mittelalterlichen Judenviertel und an der ehemaligen

via principalis des römischen Legionslagers unwiederbringlich verloren ging, lässt sich erahnen, wenn man sich die nur ein paar Schritte davon entfernten archäologischen Untersuchungen am Neupfarrplatz ansieht. Im Rahmen der Umgestaltung des Platzes wurde hier ab 1995 gegraben. Man stieß auf Keller der einstigen, 1519 zerstörten Judenstadt und die Fundamente einer romanischen sowie der 1519 zerstörten frühgotischen Synagoge. Diese war bis dahin an anderer Stelle vermutet worden.

Heute trifft man sich an dem Relief aus weißem Beton, das der israelische Künstler Dani Karavan über dem Synagogengrundriss errichtet hat. Im Untergrund entstand das „document Neupfarrplatz", hier ist ein Teil der Keller des mittelalterlichen Judenviertels wieder begehbar. Zudem weisen Mauerzüge zurück bis in die Römerzeit und schließen auch das Teilstück eines während der NS-Gewaltherrschaft errichteten Ringbunkers mit ein.

Auch die Porta Praetoria, der besterhaltene Römerbau Süddeutschlands, lag lange Zeit im Verborgenen. Als im Bischofshof ein vermeintlich mittelalterlicher Anbau umgestaltet und ein Sudhaus abgebrochen werden sollten, stieß man 1885 auf einen Torbogen aus massiven Quadern: Er wurde als antiker Durchlass des Nordtores des Römerlagers identifiziert, seine Existenz war schlichtweg in Vergessenheit geraten. Erst nach einem Streit zwischen Eigentümer und Historischem Verein konnte wenigstens der Bestand gesichert werden. Heute zählt das Baudenkmal aus der Zeit um 179 n. Chr. zu den Wahrzeichen der Stadt, ihm ebenbürtig ist in Deutschland nur die Porta Nigra von Trier.

Geschichten wie diese ranken sich um den Erhalt zahlreicher Denkmäler, die heute den Wert des Kulturerbes der Unesco begründen. Ohne das Engage-

ment Einzelner wären manche Denkmäler vernichtet. Der unermüdliche Museumsdirektor und spätere Stadtheimatpfleger Walter Boll etwa bewahrte das Runtingerhaus vor dem Abbruch. Er setzte die Erhaltung des Gebäudes durch, ohne Voraussetzungen für eine künftige Nutzung zu schaffen. Dies brachte ihm eine Rüge des Oberbürgermeisters ein: Er vergeude öffentlich Gelder, schütze eine unbenutzbare „Sanierungsleiche", einen Schandfleck. Heute birgt der einstige mittelalterliche Kaufmannspalast das Stadtarchiv, die Restaurierungswerkstätten des Landesamtes für Denkmalpflege, einen Festsaal aus der Zeit um 1400 mit Wandmalereien aus unterschiedlichen Epochen und eine um 1440 eingebaute Bohlenstube.

Über das Runtingerhaus als „Märchenschloss" spottete 1955 die damalige *Regensburger Woche*, die 30 Mietparteien, 95 Bewohner, würden für ein besonderes Hausklima und für Spuk auf den Fluren und Aborten sorgen. Das „Märchenschloss" aber war keine Ausnahme, sondern eher die Regel: In den vielen, heruntergekommenen Bauwerken lebten meist arme, alte Leute. Aber gerade diese Armut hat die Altstadt so erhalten, wie sie heute mit ihren knapp 1000 Denkmälern ist. Wäre Geld geflossen, wären Romanik und Gotik dahin. Niedergewalzt vom Neubauwillen des Barock, der Gründerzeit, der Nachkriegszeit oder auch der 1970er Jahre.

Heute sind es meist gut verdienende Singles, die sich die sündhaft teuren Altstadt-Apartments leisten können. Sie erfüllen bei der Sanierung die Wünsche der Denkmalpfleger, um an Steuererleichterungen zu kommen. Für den Architekturkritiker Dieter Wieland kein gutes Zeichen. Kaum war 2006 die Entscheidung gefallen, die Altstadt in die Welterbeliste der UNESCO einzutragen, meinte er: „Ich fürchte, bisher hat Regensburg nur begriffen, dass Welterbe ein neues Geschäft bedeutet …" Ein Grund mehr, an die Bürgerinitiativen zu appellieren: Bleibt wachsam!

Georg Schießl wurde für seine Hintergrundberichte zu Regensburger Architektur und Denkmalpflege bereits mehrfach ausgezeichnet.

am Emmeramsplatz 11, in der „Neuen Waag" am Haidplatz. Im mittelalterlichen „Lochgefängnis" des Alten Rathauses hat man eine jüdische Grabplatte als Deckel eines Aborts entweiht.

Oft ist die Rathausführung von Touristen überlaufen, sie lohnt dennoch sehr – nicht nur wegen des Grusels angesichts düsterer Kerker und der „Fragstatt", einer der authentischsten Folterkammern des deutschen Spätmittelalters. Im Rathaus entfaltete sich Glanz und Glorie von Regensburgs Reichstagszeit (zwischen 1454 und 1806), als in den Sälen die Fürsten oder ihre Gesandten aus dem gesamten Heiligen Römischen Reich Deutscher Nation zusammenkamen.

Besonders beliebt waren zu Zeiten des Immerwährenden Reichstags die „Konfekttischlein", eine für die Stadt kostenintensive Vorform des Abgeordneten-Caterings: An den mit Wein, Süßigkeiten und Gebäck überhäuften Büffettischchen taten sich vor allem mindere Chargen, Sekretäre und Assistenten gütlich. Als dann ein betrunkener Protokollführer bei einer Sitzung in lautes Schnarchen versank, nahm man diesen Fauxpas dankbar zum Anlass, die Tausende von Gulden Sponsoring für die Konfekttischlein einzusparen. Heute müssen Gäste der Stadt die köstlichen Pralinen im „Café Prinzess", Herstellung seit 1676 gegenüber dem Rathaus, selbst zahlen.

Wenn Sie jetzt ein wenig atemlos sind: Gleich um die Ecke vom wuseligen Rathausplatz wird es ganz ruhig – am „Roten Herzfleck" kann man entspannt auf einer grünen Insel rasten. Und auf dem wunderschönen, versteckten Spielplatz am Scheugässchen, mit Blick auf die Rückseiten der mittelalterlichen Wohntürme „Blauer Hecht", „Haus zum Pelikan", „Runtingerhaus", hört man nur das Oberpfälzisch junger Mütter: „Gehst etz her do, Bou!" Das ist das Schöne an einer Regensburger Altstadtwanderung: Immer wieder verliert man die touristischen Welterbe-Highlights aus den Augen, verläuft sich in den Winkeln der Einheimischen. Da trappelt man einsam durchs engbrüstige Gassengewirr: Überall bieten sich zufällige Einblicke durch Bogentore auf versteckte Innenhöfe, auf bauchiges, pastellfarbenes Mauerwerk.

Geld bringt Geld. Die PATRIZIER verdienten gut an hohen Zinsen

Bereits vor 600 Jahren leisteten sich die Kaufleute repräsentative Häuser: Das Ehepaar Runtinger wickelte seine Geld- und Handelsgeschäfte von zu Hause aus ab

Luxus-Anwesen des Mittelalters: Die offene gotische Treppenhalle im Innenhof des Hauses Heuport am Domplatz stammt aus dem 14. Jahrhundert

Wo die Altstadt stiller, vorstädtisch-einfacher wird, ist das Herumschlendern besonders angenehm. In verschlafenen, noch nicht ganz durchsanierten Straßenzügen wie „Silberne-Fisch-Gasse" oder „Gässchen ohne End", zwischen den Antiquariaten um den Obermünsterplatz, im zur Donau abfallenden Quartier um Engelburger- und Metgebergasse – überall dort ist die Aura des Gestrigen noch nicht durch massive Kneipendichte überlagert. Man kann sogar noch einen Rest des finsteren, melancholischen Regensburg erahnen, als das frühere Reisende die Stadt erlebten.

Weiter dann: Über den Bismarckplatz und dann gleich um die Ecke steht die Dominikanerkirche St. Blasius aus dem 13. Jahrhundert. Nur wenige Touristen finden in den wunderbar klaren, frühgotischen Innenraum, in dem schon der große mittelalterliche Theologe Albertus Magnus betete – leider sind Gewölbeschiff und Kreuzgang nur an Wochenenden zugänglich.

Nur eine Kreuzung ist zu überqueren, dann steht man vor einem mächtigen Mirakel der Romanik, dem rätselvollen, figuren- und ornamentreichen Portal der Schottenkirche St. Jakob, einem der Hauptwerke des frühen Mittelalters nördlich der Alpen. Heute können wir nur staunen vor dieser archaischen Versammlung von Heiligen und Sündern, von geschwänzten Drachen und Hundwesen, schuppigen Greifen, glotzäugigen Dämonen und Meerweibern. An die siebzig kunsthistorische Deutungsversuche der Symbolsprache gibt es, keiner von ihnen ist endgültig schlüssig. Am ehesten, so haben sich die Experten geeinigt, handelt es sich um ein großes Weltgerichtsszenario. Um den Kampf zwischen Himmelreich und Antichrist.

Haben Sie noch Zeit? Es ist nur ein Katzensprung von hier ins stille Quartier der „Westnerwacht". Das Viertel war immer eines der kleinen Leute und Handwerker; Wollwirker- oder Ledergasse heißen die engen Straßenzüge noch heute. Das Kuhgässel ist derartig schmal, dass die Legende glaubhaft klingt, nach der ein Rind hier einen Bäckerjungen an der Hauswand zu Tode gedrückt haben soll. Mittendrin im Viertel liegt die „Kreuzschänke", eine verborgene Bierwirtschaft mit schattigem Gastgarten und vorstädtischem Charme.

An der Holzländ und nahe dem Eisernen Steg stößt man dann wieder auf die Donau und quert das Wasser zur Insel „Oberer Wöhrd". Dort drüben möchte man sofort einziehen in eines der hutzeligen Vorgartenhäuschen, den Strom immer vor Augen und die Altstadt vis-à-vis. Und dann möchte man in der „Antn" einkehren, der uralten Traditionswirtschaft „Goldene Ente", zu der Touristen selten finden. Oder in der „Alten Linde" mit Kalenderbildaussicht auf Regensburgs Türme sitzen.

Am schönsten aber ist es, unten am schnell strömenden Wasser entlang zu wandern, unter der Steinernen Brücke hindurch, immer die triumphale Silhouette mit Domspitzen und Brückentor im Blick. Eine wunderbare grüne Auenlandschaft zieht sich da mitten durch die Stadt, eine naturbelassene, etwas krautige Wasser-, Weidengebüsch- und Wiesenszenerie mit vielen versteckten Uferplätzen für einsame Leser, Liebespaare und alte Freunde. Wildnis mit Welterbe im Blick. Und nur 309 Meter und 15 Bögen sind es über die Steinerne Brücke zur „Wurstkuchl". Die Füße sind müde, der Magen knurrt, und die sechs Rostbratwürstl auf Kraut sind köstlich, aber klein, viel zu klein. „Also, san S' so gut, bringen S' zwölfe!"

52 MERIAN   www.merian.de

WISSEN **ARCHITEKTUR**

WOHNTÜRME

WOLKENKRATZER DES MITTELALTERS nennt man die Geschlechtertürme von Regensburg. In ihrer Bauart und Menge sind sie einmalig in Deutschland. Fast vierzig Türme zählte die Stadt um 1500, ein gutes Dutzend steht noch heute. Über ihren Sinn und Zweck streiten die Experten. Ging es ums Prestige, um die Verteidigung, gar um Spionage?

Skyline um 1493: Auf der ältesten Stadtansicht Regensburgs aus Hartmann Schedels Weltchronik drängen sich die Wohntürme innerhalb der Stadtmauer

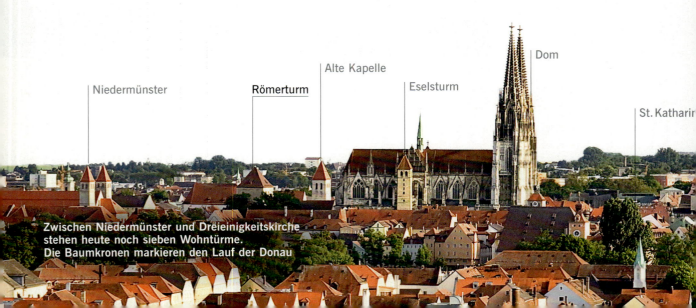

Zwischen Niedermünster und Dreieinigkeitskirche stehen heute noch sieben Wohntürme. Die Baumkronen markieren den Lauf der Donau

Die älteste Darstellung Regensburgs findet sich in der Schedel'schen Weltchronik von 1493. Sie zeigt, was keine andere Stadt nördlich der Alpen damals zu bieten hatte: Fast 40 Wohntürme haben die von Hartmann Schedel beauftragten Kunsthandwerker mit Stichel und Messer festgehalten. Von diesen mittelalterlichen Wolkenkratzern reckt sich heute noch ein gutes Dutzend in die Höhe, die übrigen stürzten ein, wurden überbaut, abgebrochen.

Dichter wie Gelehrte begeisterten sich an Regensburgs Türmen. „Wo in ganz Deutschland lebt noch hochmittelalterliches Architekturwesen wie um die Geschlechtertürme am Watmarkt? Man müsste schon wenigstens bis nach Verona gehen, um Ähnliches zu schauen", so der Kunsthistoriker Hans Karlinger (1882-1944).

Als einzige Stadt in Deutschland besitzt Regensburg heute noch ein gutes Dutzend Wohntürme. Wie viele genau es früher waren, ist unklar. Ein aktuelles Forschungsprojekt hat Daten zu bislang 124 Türmen gesammelt – allerdings könnte es sich bei manchen schlicht um mehrstöckige Häuser gehandelt haben statt um Wohntürme. Uneins sind sich die Experten über Herkunft und Funktion der Bauten.

Nach gängiger Erklärung, die in den meisten Stadtführern steht und regelmäßig Touristen erzählt wird, müssen Regenburgs Kaufleute im Mittelalter ziemliche Angeber gewesen sein. Sie lernten auf ihren Reisen bei ihren oberitalienischen Kollegen deren Geschlechtertürme kennen und kopierten sie, um damit Macht und Reichtum zu demonstrieren. Mag sein, dass ein wenig Wahrheit in dieser Erklärung steckt – doch ob man die Entstehung der Türme ausnahmslos von italienischen Vorbildern abhängig machen kann, ist anzuzweifeln. Denn als die Regensburger nach Trient, Verona, Mantua und Bologna fuhren, gab es daheim bereits die massiven, romanischen Wohntürme – beispielsweise in den Pfalzen auswärtiger Bischöfe.

Auch der Adel wohnte in Burgen mit Türmen; der aus herzoglichen und bischöflichen Ministerialen hervorgegangene Stadtadel wiederum tat es ihm gleich und schuf sich innerhalb der Stadtmauern seine eigenen Wohntürme. Demnach besaßen Regensburgs Patrizier reichlich heimische Vorlagen, als sie ihre Türme bauten.

Wozu sie gedacht waren, darüber gehen die Meinungen ebenfalls auseinander. Während die oberitalienischen Türme angesichts der unter den heißblütigen Streithähnen herrschenden Parteifehden in erster Linie der Verteidigung dienten, ging es in Regensburg dagegen ziemlich friedlich zu.

Warum also Türme? Ein bekannter Berliner Burgenforscher will ihren kriegerischen Zweck nicht ganz ausschließen und meint, diese hätten bei städtischen Revolten Sicherheit geboten. Anders der aus Regensburg stammende Inhaber des Bamberger Lehrstuhls für Denkmalpflege, Achim Hubel, der an einen repräsentativen Charakter glaubt – schließlich waren sowohl Zinnenkranz als auch Schießscharten kaum für kriegerische Zwecke geeignet. Schießscharten, so Hubel, sollten nur die Hausmacht des Bauherrn beweisen.

Auffällig ist jedenfalls, dass es in Regensburg sowohl Türme mit als auch ohne Schießscharten gibt. Auch das lässt sich durch die Baugeschichte erklären: Vom 11. bis zum 12. Jahrhundert kannte man lediglich die romanischen Wohntürme der adligen Oberschicht. Diese ältesten Steinbauten, die in der Regel drei bis vier Stockwerke zählten, wurden nach dem Muster der deutschen Adelsburgen auf einem rechteckigem Grundstück erbaut – die schmale Seite zur Straße hin ausgerichtet, die Längsseite zu den Nachbargrundstücken. Die turmartige Wirkung entstand durch den Kontrast zum Rest der städtischen Bebauung: überwiegend eingeschossige Holzhäuser. Die Besitzer der romanischen Türme waren Klöster, Bischöfe, Stadtadel. Die ältesten erhaltenen Bauten aus dieser Zeit sind der nur noch als Erdgeschoss vorhandene Turm von 1052 im Gumprecht'schen Haus, außerdem der während der Sanierung von 1978 rekonstruierte Turm des Altmann'schen Hauses von 1060/70 sowie der Wohnturm in der Unteren Bachgasse – einer der ältesten erhaltenen Haustürme überhaupt.

In der ersten Hälfte des 13. Jahrhunderts wurden dann Türme errichtet,

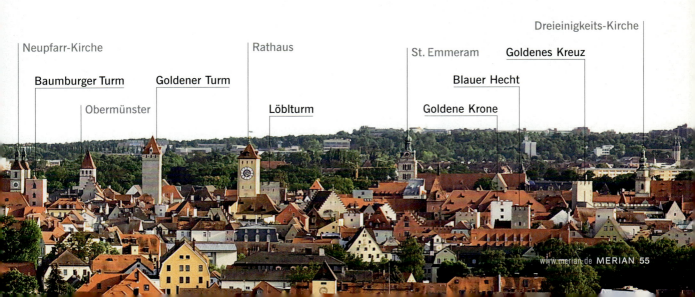

Neupfarr-Kirche | Rathaus | St. Emmeram | Dreieinigkeits-Kirche
Baumburger Turm | Goldener Turm | | Goldenes Kreuz
Obermünster | Löblturm | Blauer Hecht
| | Goldene Krone

Sehen und gesehen werden

Der Baumburger Turm gilt als Beispiel eines klassischen Patrizierturms – einerseits Statussymbol reicher Bürger, andererseits wehrhafter Bau. Der siebenstöckige Turm entstand um 1270, seitdem ist er weitgehend unverändert. Das Fenster (rechts) gehört zum alten Tuchlager im dritten Stock – alle oberen Etagen waren unbewohnt. Der dreigeschossige Wohnanbau stammt aus dem 15. Jahrhundert, die ehemalige Hauskapelle im Erdgeschoss beherbergt heute ein Restaurant

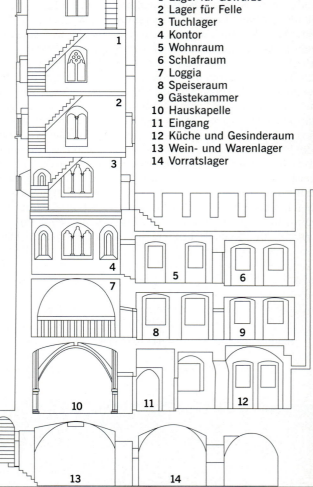

1 Lager für Gewürze
2 Lager für Felle
3 Tuchlager
4 Kontor
5 Wohnraum
6 Schlafraum
7 Loggia
8 Speiseraum
9 Gästekammer
10 Hauskapelle
11 Eingang
12 Küche und Gesinderaum
13 Wein- und Warenlager
14 Vorratslager

deren Bauherren sich als so genannte „freie Unfreie", als aufstrebende Schicht vermögender Kaufleute aus der Abhängigkeit des Stadtherrn zu lösen begannen. Sie hießen beispielsweise Kastenmayer, Kappelmayer oder Steyrer. Nach ihnen benannt ist der Kastenmayerturm, das 1963 sanierte Kappelmayerhaus sowie das Steyrerhaus, dessen mächtiger Turm in der renovierten Fassade des Gebäudes noch gut zu erkennen ist.

Ein regelrechter Bauboom setzte ein, als Regensburg mit den kaiserlichen Privilegien von 1245 und 1251 städtische Selbstverwaltung erlangte. Endlich konnten die reichen Kaufleute mit dem ritterlichen Stadtadel gesellschaftlich auf einer Ebene verkehren! Die dabei entstehende neue Oberschicht formierte sich zum Patriziat. Der Bau der Regensburger Wohntürme ist nicht nur als ein Zeichen des Selbstbewusstseins der aus der Bevormundung eines Stadtherrn befreiten Bürgerschaft zu sehen, sondern auch als Ausdruck der Rivalität zwischen den gleichberechtigt in der neuen Führungselite vertretenen Kaufleuten und den ritterlich-ministerialen Adligen.

Doch einen kleinen, aber feinen Unterschied musste es geben zwischen dem alten Adel und den Newcomern. „Schießscharte oder nicht" war jetzt eine Frage der gesellschaftlichen Zugehörigkeit: Der Ritterstand durfte seine frühgotischen Türme mit jenen schlitzartigen Öffnungen ausstatten, aus denen man mit Pfeil und Bogen und ab 1300 auch mit Feuerwaffen schießen konnte – so der Baumburger Turm, der Goldene Turm, das Goldene Kreuz und der Blaue Hecht. Den Kaufleuten hingegen waren die Schlitze nicht erlaubt – wozu auch? Vermutlich konnten sie gar nicht schießen. So ist der sechsgeschossige Turm in der Keplerstraße 3 zwar mit „adligen" Zinnen versehen, nicht aber mit Schießscharten, ähnlich der Löblturm.

Erst zu Ende des 13. Jahrhunderts, als sich die Standesgrenzen verwischten, die Kaufleute sich Rittertitel kaufen konnten und der ritterliche Stadtadel sich mit dem Handel befasste, verschwanden diese Unterschiede. Und

bald bauten auch Bürger, die nicht zum Patriziat gehörten, Türme – auch die werden heute oft als Patrizieroder Geschlechtertürme bezeichnet.

Zu Sinn und Zweck der Regensburger Wohntürme gibt es noch weitere, sehr menschelnde Interpretationen. Georg Dehio schreibt in seinem Handbuch der Deutschen Kunstdenkmäler, die Türme hätten neben der Repräsentation auch den praktischen Zweck verfolgt, anliegende konkurrierende Hofgemeinschaften zu kontrollieren – Werksspionage im Mittelalter. Hübsch klingt auch die Theorie eines Burgenforschers, demzufolge die Hochbauten ihre Besitzer als Aussichtstürme erfreut haben sollen – wobei es dem Regensburger Kaufmann sicher Spaß gemacht haben dürfte, jeden Tag acht Stockwerke hochzuklettern, um einen Blick ins Donautal zu werfen. Schließlich soll das abgehobene Wohnen im Turm angesichts der stets mit Unrat bedeckten stinkenden Gassen Vorteile geboten haben. Tatsache jedoch ist, dass von den sechs bis acht Stockwerken der Türme in der Regel nur die unteren drei bewohnt waren, die oberen standen leer.

Wie wenig hilfreich die Türme samt Schießscharten und Zinnenkranz letztlich waren, zeigt der Auer-Aufstand von 1330 bis 1334, als der Adlige Friedrich Auer mit Hilfe der Zünfte das Stadtregiment an sich riss, dann aber vom Patriziat gestürzt und aus der Stadt vertrieben wurde. Nach seinem Sturz wurden keine Türme mehr gebaut. Die vermögenden Bürger investierten nicht mehr in die nutzlosen Gebäude, sondern versuchten durch Grundstücksankäufe ihr Areal zu erweitern und Großbauten zu schaffen.

Inzwischen sind etliche der mittelalterlichen Türme saniert und zu begehrten Wohnungen ausgebaut – einige sogar mit Dachterrasse. Der schönen Aussicht wegen. ◼

Konrad Maria Färber *lebt in einem der Regensburger Wohntürme. Er war lange Zeit Verlagsleiter des Buchverlags der Mittelbayerischen Zeitung und ist heute Herausgeber des jährlich erscheinenden „Regensburger Almanachs".*

MERIAN | WOHNTÜRME

Romanische Haustürme, 1000-1200
(J 5) **Untere Bachgasse 13**, einer der ältesten erhaltenen Haustürme; heute Studentenwohnheim.
(K 5) **Kapellengasse 2**, wegen des Satteldachs „Turmhaus" genannt; nur von Frauenbergl/Salzburger Gasse zu sehen.
(J 4) **Bräunelturm, Watmarkt 6**, gotischer Anbau, unten Restaurant.

Spätromanische und frühgotische Türme, 1200-1250
(J 5) **Kappelmayerturm, Gesandtenstraße 2**; komplett erhalten, 1963 saniert, bewohnt
(J 5) **Kastenmayerturm, Wahlenstraße 24/Untere Bachgasse 15**, zugemauerte Loggia im ersten Stock.
(J/K 4) **Goliathhaus, Goliathstraße 4**, benannt nach dem Fresko an der Nordseite. Goliathhaus und Kastenmayerturm sind die einzigen erhaltenen Türme mit Großquadermauerwerk in den unteren Geschossen
(J 4) **Steyrerhaus, Untere Bachg. 3**; renoviert und bewohnt
(J 5) **Zanthaus** und **Ingolstetterhaus, Gesandtenstraße 3**, die beiden Türme der ehemaligen Schnupftabakfabrik sind gut erhalten.
(K 4) **Römerturm, Domstraße 3**, Architektonischer Sonderfall: Der 1210 erbaute Turm gehörte zur herzoglichen Pfalz, vier Geschosse

Gotische und hochgotische Türme, 1250-1400
(J 4) **Baumburger Turm, Watmarkt 4**, reich gegliederter siebengeschossiger Turm, weitgehend unverändert erhalten; Restaurant im Erdgeschoss
(J 4) **Goldener Turm, Wahlenstr. 16**, der höchste Wohnturm Regensburgs (50 Meter). Pyramidendach anstelle der ursprünglichen Zinnen.
(H/J 4) **Goldenes Kreuz, Haidplatz 7**, früher Kaiserherberge, heute Hotel
(J 4) **Blauer Hecht, Keplerstraße 7**; die Schießscharten wurden bei der Sanierung 1958-61 falsch angebracht.
(J 4) **Sechsgeschossiger Turm, Keplerstraße 3** nur von der Rückseite sichtbar. Zinnen, aber keine Schießscharten.
(J 4) **Löblturm, Hinter der Grieb 2**, sieben Geschosse, keine Schießscharten
(J 4) **Neue Waag, Haidplatz 1**, um 1300 erbaut, ehem. reichsstädtische Bibliothek; heute Verwaltungsgericht.

www.merian.de MERIAN 57

Ein Chef als Impresario: Cornelius „Neli" Färber ist Mitbegründer des Orphée. Das Geschäft mit Kost und Logis wird hier perfekt inszeniert – und alle spielen mit

Oh, Orphée!

Als Vorspeise schöner Charme, der Hauptgang Tratsch
mit Atmosphäre, zum Dessert eine Prise Wahn:
Das Café-Restaurant-Hotel ist der Salon der Stadt

TEXT **GERHARD WALDHERR** FOTOS **NATALIE KRIWY**

Etwas Besonderes, das nicht besonders sein will

Beliebt der Gast ein Bad zu nehmen? Die Hotelzimmer im barocken Palais zeigen nicht nur Größe, sondern auch Stil – dank antikem Mobiliar, Stuck und Eichendielen

1 Vom Chef bis zur Rezeptionistin: Wer hier arbeitet, ist meist genialer Dilettant **2** Herrschaftliche Verhältnisse: Himmelbetten stehen in allen großen Zimmern **3** Spitzweg-Charme unterm Dach: die Mansarde im Großen Haus **4** Frankophiles Flair: Café au lait draußen auf der Gasse

1 Starke Stimme fürs Orphée: Der südafrikanische Musiker Blondie Chaplin ist Fan des Cafés **2** Der Chef streicht selbst: Michael Laib bei Malerarbeiten im Innenhof **3** Das Restaurant ist seit über 30 Jahren bekannt für guten Stil und die hübschesten Bedienungen **4** Henry Killebrew macht den perfekten Espresso: schwarz und stark

Ein Theater für großen Stoff: Liebe, Lügen, Leid, das ganze wunderbare Leben

Es könnte an der Dekoration liegen, den alten Werbeschildern aus Emaille, den historischen Kinoplakaten, den Heiligenbildchen – diesem ganzen Durcheinander an Stilen und Formen in einer Gaststube mit holzgetäfelten Wänden, die seit 1896 nicht wesentlich verändert wurde. Vielleicht ist es aber auch das Mobiliar: der barocke Gläserschrank hinter der Bar, die Kaffeehausstühle mit der Aufschrift „Josef Hofmann Succ., Bielitz, Austria", das grüne Geschirr, die rustikale Keramik mit einer Spur Eleganz. Ein bisschen Flohmarktromantik, gleichzeitig gutbürgerliches Wohnzimmer und altmodische Bahnhofshalle.

Letztlich kann es alles sein: Das mediterran inspirierte Essen, die Weine, die Bedienungen, die den Ruf haben, die hübschesten der Stadt zu sein. Oder sind es am Ende doch die Gäste, die das Besondere dieses Restaurants ausmachen? Kann schon sein, dass sie sich für Lebenskünstler und Connaisseurs halten, in der Stadt stehen sie doch im Verdacht bourgeoiser Gesinnung. Chef Nummer eins Cornelius Färber sagt: „Ein populäres Wirtshaus ist das Zusammenwirken vieler, auch unterschiedlicher Kräfte." Chef Nummer zwei Michael Laib ergänzt: „Wenn man dazu die charmanten Verstrickungen nimmt, die das Orphée immer begleitet haben, dann wäre es eine mögliche Erklärung."

Es ist halb neun morgens, ein Samstag. Sonnenschein fällt durch Spitzengardinen. Stille, ein leeres Lokal. Färber und Laib sitzen in Fauteuils, deren Samtbezug einmal blutrot gewesen sein könnte, und warten auf den Ansturm. Gleich werden sie ihnen wieder die Türe einrennen, obwohl ihre Frühstückskompositionen seit Jahrzehnten keine nennenswerten Überraschungen bieten; obwohl die Küche immer noch warnt, ein bestelltes weiches Ei könne auch als hartes Ei den Tisch erreichen; obwohl das Personal angesichts dauerhaften Hochbetriebs mitunter mühsam um Contenance kämpft.

Das Orphée, Untere Bachgasse 8, Café und Restaurant zu gleichen Teilen, gilt als Salon der Stadt. Vom ersten Tag seines Bestehens war es in Regensburg Fixpunkt der Ess- und Trinkkultur, Objekt von Begierden und Tratsch, das kurioseste Parkett gesellschaftlichen Lebens. Nicht umsonst wird es von der lokalen Presse traditionell wie eine historische Sehenswürdigkeit behandelt. Wegen seiner drei angegliederten Hotels, vor allem des so genannten Großen Hauses mit seinen prachtvollen Zimmern, Stuckdecken, antiken Dielen, Erkern und zauberhaften Antiquitäten auf fünf Etagen wird es nun auch bundesweit in den Gazetten so gelobt, dass es schon unanständig klingt.

Neunzehnter Oktober 1977. Im vormaligen Wirtshaus der Brauhaus Regensburg AG wird ein französisches Lokal eröffnet. Der Chef des Brauhauses hatte sich im ersten Stock eine Kugel in den Kopf geschossen, die Immobilie war später in den Besitz der fürstlichen Brauerei Thurn und Taxis geraten, und die ließ sich von sieben jungen Regensburgern überzeugen (neben Färber und Laib sind bis heute noch zwei der ursprünglichen Gründer Mitbesitzer). Es war die Zeit, als man Gitanes rauchte, 2 CV fuhr und die Nouvelle Vague für das beste Kino aller Zeiten hielt. „Picasso und Sartre", sagt Färber, „kannten wir von unseren älteren Brüdern, Frankreich bedeutete Urlaub, und wir dachten, es müsste doch möglich sein, diese Urlaubsstimmung nach Regensburg zu holen."

So kam zusammen, was nicht zusammengehört. Das Monstrum von Gläserschrank, den sie auf einer Terrasse in Berlin-Moabit entdeckten und für den Einbau zersägen mussten; die Kaffeehausstühle aus der Konkursmasse eines Kurhotels; aus einem Casino der US Army bei Stuttgart stammen die Tische mit ihren zentnerschweren Stahlplatten im Fuss. Die schwarzen Lampen, umgedrehte alte Gaslaternen, sind ebenfalls seit über 30 Jahren an ihrem Platz.

So heterogen wie die Einrichtung war auch das Personal. Der erste Koch war zwar Franzose, aber gelernter Metzger. Im Service traten auf: Stephan, der Stier; Anton, der „allmächtige Hausmeier" (Färber), ein Ire aus New York. Und natürlich Damen. Junge Damen. Fesche Damen. Von denen eine gewisse B., wenn man die Andeutungen der Chefs richtig interpretiert, eine beachtliche Serie an charmanten Verstrickungen auslöste.

„Wir waren Mitte zwanzig", sagt Färber, „unsere Gäste kaum älter, wir wollten einfach nur unsere Ideen verwirklichen." Und es war ihnen egal, dass Regensburg ihre Speisekarte mit Froschschenkeln, *Paté* und *Escalope forestière* für einen Affront hielt. Es war ihnen egal, dass man behauptete, sie könnten nicht kochen und der Wein sei schlecht. Zugegeben, das Essen war in den ersten Jahren nicht immer gut und der Wein hätte oft besser sein können. Doch ein Besuch im Orphée war immer ein Ereignis, auch weil schon bald Faschingsbälle, Silvesterpartys und Varietés veranstaltet wurden. Später

Hier kommt zusammen, was nicht zusammengehört

inszenierten sie im Hinterhof sogar Opern. Färber sagt: „Ein sanfter Wahn hatte uns erfasst."

Glaubt man Johann-Felix Hock, **dann hat sich im Orphée seit damals nichts geändert. Es ist kurz nach zwölf, der erste Ansturm ist verebbt**, das Orphée bereitet sich auf das Mittagspublikum vor. Hock sitzt in seiner Lieblingsecke, liest Zeitung und sagt: „Dies ist kein Allerweltsort, das ist nicht von einem Architekten rausgestanzt, das ist ein lebendiger Organismus, der sich laufend verändert, ohne den Charakter zu verlieren."

Wenn es nach Barbara Kopp geht, dann ist das Orphée etwas „Besonderes, das nicht besonders sein will". Es ist früher Nachmittag, im von alten Mauern umstandenen Innenhof wird Birnentarte serviert, und Barbara Kopp

erzählt, wie sie von Freiburg nach Regensburg kam, zunächst verzweifelte ob des ereignislosen Alltags dieser Stadt. „Es ist mir nie gelungen, irgendwo hängenzubleiben und vom Markt eine halbe Stunde zu spät nach Hause zu kommen." Erst als sie das Orphée entdeckte, „hatte ich mein zweites Wohnzimmer". Seit 20 Jahren kommt sie nun schon mit ihrer Familie jeden Freitagmittag zum Essen.

„Ja, schon spannend", sagt Patrick Reinig, „was löst es aus, dieses Gefühl, diese Anziehung, die von diesem Platz ausgeht?" Es ist früher Abend, die Angestellten decken die Tische ein für die Abendschicht. Reinig steht an der Bar, wo er fast täglich steht, Freunde, Kunden und Kollegen trifft, Zufallsbekanntschaften macht. Reinig sagt: „Wenn ich beruflich mal länger unterwegs war, weiß ich nach zwei Tagen

wieder alles, Gerüchte, Liebesdramen, egal was. Das Orphée ist menschlich nicht glatt, es ist ein kleines Theater, in dem der größte Stoff aufgeführt wird, den es gibt: das richtige Leben."

Drei Stammgäste, drei Einsichten. Hock wirkt bodenständig, seriös, trägt Trachtenjanker mit Hirschhornknöpfen. Er ist pensionierter Krankenhausdirektor. Kopp ist eine distinguierte Erscheinung in klassischem, nachtblauem Kostüm, dazu Perlen um den Hals. Sie ist Hausfrau, hat fünf Kinder großgezogen. Reinig ist um die vierzig, Fotograf und Künstler.

Gäbe es das Orphée nicht, diese drei Menschen hätten nichts, was sie miteinander verbindet. Marianne Mion, eine Französin, die 1977 als Studentin nach Regensburg kam, sagt: „Die Deutschen beherrschen die Kunst des Cafés und Restaurants nicht. Das Orphée schon." Mion, Übersetzerin, Dozentin und Veranstalterin einer französischen Film- und Kulturwoche, sagt: „Färber und Laib haben goldene Hände, sie sind Meister der Atmosphäre."

MERIAN | DAS ORPHÉE

Savoir-vivre

Etabliert wider Willen: Das Orphée, einst gastronomischer Rebell mit großbürgerlicher Attitüde, ist längst eine Institution. Zum Haus gehören Restaurant, Café und drei Hotels – alle zentral gelegen.

ORPHÉE Hotel, Restaurant, Café Untere Bachgasse 8, Tel. 59 60 20 (für alle Hotels), Tischreservierung: Tel. 529 77, www.hotel-orphee.de

DAS KLEINE HAUS
Joschka Fischer nannte es „das schönste Hotel in Deutschland". 15 Zimmer mit Antiquitäten, Terrazzo-Böden, türkischen Fliesen. „Hochzeitszimmer" mit Balkon und Blick auf das Alte Rathaus. Außer-

dem drei liebevoll eingerichtete Zimmer mit Bad und WC auf dem Flur. Wahlenstr. 1 (1 Minute vom Großen Haus in der Bachgasse)

DAS GROSSE HAUS
33 Zimmer (bis zu 60 Quadratmeter groß) im sanierten Barockpalais aus dem 17. Jh. Untere Bachgasse 8

KÜNSTLERHAUS ANDREASSTADEL
Zehn Zimmer, sechs davon mit Südterrasse im Parterre des alten Salzspeichers im ruhigen Stadtamhof (Nordende der Steinernen Brücke). Außerdem im Haus: eine Kunstakademie, Kino und Restaurant. Andreasstraße 26

▶ mehr Hotel- und Restaurantadressen ab Seite 124

Vor allem aber sind sie unterschiedliche Kräfte, die den Kosmos Orphée **in Bewegung halten. Färber trägt ein geringeltes T-Shirt, das Haar ein wenig derangiert. Laib trägt weißes Hemd**, das Haar akkurat gescheitelt. Färber hat kein Abitur und fing „gleich als Chef an, mit einem linken Buchladen". Laib hat Sozialpädagogik studiert. Der eine extrovertiert, ein liebenswerter Spinner, der bei Festen und Varietés im Orphée als Hitler oder Ivan Rebroff auftrat und schon mal Netzstrümpfe zu Frack und Zylinder trug. Der andere eher introvertiert, Realist, ein Freund schöner Dinge. Zu Färber sagen alle „Neli", zu Laib nur gute Freunde Michael.

„Neli ist der Wirt", sagt Michael Laib, „ich könnte das nicht, das Restau-

rant würde es auch ohne mich geben." Die Hotels nicht. Das Kleine Haus zwischen Dom und Altem Rathaus. Das Künstlerhaus Andreasstadel an der Donau. Das Große Haus über dem Restaurant. Alle sind von Michael Laib konzipiert und ausgestattet worden, mit indischen Prunkbetten, venezianischen Spiegeln, Waschbecken aus alten Friseurläden der oberpfälzischen Provinz. Zahllose Antiquitäten, geschmackvoll hineingetupft ins historische Gemäuer. Die Einkaufstouren dafür haben für Laib auch einen erfreulichen Nebeneffekt: „Wer nicht ab und an weggeht, hält es zu Hause nicht aus."

Abend. Alle Plätze sind besetzt, nur gegenüber der Bar ist noch ein kleiner Tisch frei. Auf der Speisekarte stehen **überbackene Jakobsmuscheln** und Lammkoteletts. Herr Armin, der Kellner, bringt vom guten Roten. Irgendwann sitzt Färber am Tisch, er hat seine blonde Frau mitgebracht. Sie heißt Eugenia und kommt aus Russland. Man könnte nun über Gestern und Heute philosophieren. Der französische Metzger ist weg. Anton hat ein eigenes Lokal in Regensburg. Die schöne B. ist zweifache Mutter.

Mag das Orphée sich treu geblieben sein, die Zeiten haben sich geändert. Was früher kulinarische Avantgarde war, ist heute nicht mehr weit weg vom Massengeschmack. Auch wenn Färber behauptet: „Der Regensburger ist verwöhnt, anspruchsvoll und selten sachkundig." Heute müssen sie aber auch mit euphorischen Widmungen von Leuten wie Joschka Fischer leben. Färber sagt: „Die Anerkennung für die Hotels suggeriert eine gutbürgerliche Rolle, die wir nie haben wollten. Auch deshalb ist das Orphée heute nur noch im Nebenberuf ein französisches Res-

1 Blick ins Herz der Altstadt von der Hotelterrasse im Kleinen Haus **2** Stammgäste, die sich sonst wohl nie getroffen hätten: die Dozentin Marianne Mion **3** der Künstler Patrick Reinig und **4** die Hausfrau und fünffache Mutter Barbara Kopp

taurant." Der Hauswein kommt schon lange aus Italien.

Doch muss man darüber reden, wo doch gerade das Licht herunter gedimmt wird? Färber und seine Eugenia erzählen jetzt lieber die Geschichte ihrer ersten Begegnung, eine, die Färber offenbar bis heute bewegt. Danach geht es um einen jungen Mann, einen Freund Eugenias, der mit dem Motorrad nach Wladiwostok fährt. Es geht um Gott und die Welt. Es wird Mitternacht. Frau Judith setzt sich an den Tisch. Der Herr Armin schenkt nach. Die Plakate und Emailreklamen verschwimmen im schummrigen Licht. Die Beleuchtung des Zigarettenautomaten neben der Bar flackert zur Jazzmusik vom Band.

Sechzehn Stunden sind vergangen im Orphée, zweimal hat das Personal gewechselt. Und wenn sie nicht nachts für fünf Stunden schließen müssten, würde man wohl hier sitzen bleiben bis zum Frühstück. Der österreichische Kabarettist und Schauspieler Helmut Qualtinger hat ins Gästebuch geschrieben: „Man müsste Regensburg bei Tag sehn, vielleicht morgen, wenn ich aus dem Bett komm." ∎

Die himmlischen Wahrzeichen von Regensburg sehen älter aus, als sie sind: Die beiden durchbrochenen Turmhelme wurden erstmals 1859 bis 1869 aufgesetzt. Der Unterbau war schon um 1520 vollendet

Schlagen mit Gefühl: Lucia Torge, einzige Steinmetzmeisterin der Dombauhütte, benötigt fast ein halbes Jahr, um die mannshohe Figur des heiligen Matthäus neu zu hauen

Der Regensburger Dom ist der schönste Europas. Sagt der Dombauhüttenmeister, der ihn mit seiner Mannschaft in täglicher Arbeit erhält. Eine Reportage von ganz oben

TEXT **MARTIN RASPER** FOTOS **ARTHUR F. SELBACH**

Die Poesie der Steine

Der lachende Engel ist die berühmteste gotische Skulptur der Stadt: Um 1280 schuf ihn der Künstler, den die Fachwelt „Erminoldmeister" nennt. Er gehört zur Verkündigungsgruppe, die an den beiden westlichen Vierungspfeilern steht

Holz schlägt auf Metall, schlägt auf Stein, wenn Werner Ballmann, seit 35 Jahren im Dienst der Dombauhütte, mit Schlägel und Eisen einen Kalksteinbrocken bearbeitet. Ruhe und Gelassenheit strahlt Ballmann aus, wie er, die Pfeife im Mund, am Stein herumklopft, der ihn noch wochenlang beschäftigen wird.

Das Besondere an Ballmanns Arbeit ist, dass sie sich nicht im Geringsten von der unterscheidet, die seine Kollegen vor mehr als 500 Jahren gemacht haben – dasselbe Material, dieselbe Arbeitsweise, dieselben Werkzeuge: Mit Kreide hat Ballmann auf dem Kalksteinblock jene Formen aufgezeichnet, die er aus dem Stein herausarbeiten wird; die wiederum hat er zuvor mit einem hölzernen Zirkel vom Original abgenommen und auf Transparentpapier übertragen – all das in Handarbeit und ohne eine Maschine. Man würde es dem Stein ansehen, wenn er gebohrt oder gesägt werden würde.

Und weil es die alten Werkzeuge heute nicht mehr zu kaufen gibt, müssen die Mitarbeiter der Dombauhütte sie selber schmieden.

Wie sehr der Dom im Mittelalter die Stadt dominierte, vermag man sich heute kaum vorzustellen. Allein der mehrere Meter hohe Sockel, auf dem das Gotteshaus steht, war schon halb so hoch wie ein durchschnittliches Haus: Es war, als würde der riesige Bau über der Stadt schweben. Dieser Dom ist schon der zweite in der langen Geschichte der Stadt. Bereits seit 739 ist Regensburg Bischofssitz, seit etwa 700 stand hier eine Kirche; spätestens im 9. Jahrhundert wurde der erste Dom errichtet. Er brannte teilweise ab, zuletzt 1250 – ein guter Anlass für einen Neubau. Damals zählte Regensburg bereits zu den wichtigsten deutschen Städten, und so entstand bis ca. 1520, als erstmal das Geld ausging, eine imposante gotische Kathedrale. Die Turmhelme und der obere Teil des Querhauses folgen später; 1870/72 ist der Bau endlich fertig: St. Peter zu Regensburg, Hauptwerk der Gotik in Süddeutschland.

Dombauhüttenmeister Helmut Stuhlfelder, gebürtiger Regensburger, graumelierter Vollbart und untersetzte Gestalt, scheucht mich als erstes den „Eselsturm" hinauf, der sich an die Nordseite des Doms lehnt. Vor 38 Jahren hat Stuhlfelder hier als Lehrling angefangen, seit 22 Jahren ist er Leiter der Hütte.

Der Eselsturm wiederum ist älter als der Dom selbst – ist ein Überbleibsel des romanischen Vorgängerbaus. Noch heute bietet er den bequemsten Zugang nach oben. Er besteht in seinem Innern aus einer stufenlosen Rampe, die sich in einer Spirale den Turm hinaufwindet, außen geschützt von tausend Jahre altem Kalkmörtel.

Wir sind auf 35 Meter Höhe. Wind bläst uns um die Ohren, als wir auf eine der schmalen Galerien heraustreten, die sich um das Gebäude ziehen und

Dombau ist Kunst und Handwerk, damals wie heute

Fabelwesen als Wasserspeier (li.) sollten böse Geister ablenken. Alte Methoden: Dombauhüttenmeister Helmut Stuhlfelder arbeitet mit dem Holzzirkel auf dem Reißboden – genau wie seine Vorgänger vor 500 Jahren

Die Zeit nagt am Material, doch die Idee wird bewahrt

Relikt des ersten, romanischen Doms: Allerheiligenkapelle von ca.1160 (links). Mauern flicken: In der Dombauhütte bei der Ostfassade behaut Werner Ballmann harten Kalkstein, der den weicheren, verwitterten Sandstein ersetzen soll

die man von unten nur bei genauem Hinsehen erkennt. Wir sind jetzt am Nordgiebel des Querhauses. Der Giebel ist eingerüstet; in den nächsten Jahren soll er komplett abgetragen und erneuert werden. Hier irgendwo wird der Stein hinkommen, an dem Werner Ballmann unten in der Werkstatt klopft. Diese Ecke des Doms ist einer der letzten Bauabschnitte, keine 140 Jahre alt, und doch ist der Stein marode. Stuhlfelder greift in die Wand, nimmt mit der Hand ein Stück heraus und zerreibt es zwischen den Fingern.

Der Dom ist tatsächlich aus zwei verschiedenen Gesteinsarten errichtet – aus Kalk- und Grünsandstein. Die wurden seinerzeit gemischt, denn beide schienen gleich geeignet. Noch im 19. Jahrhundert setzte man auf Sandstein – was sich kurz darauf als fatal herausstellte: Der relativ weiche Sandstein hatte den Luftschadstoffen, die die fortschreitende Industrialisierung mit sich brachte, wenig entgegenzusetzen. An manchen Stellen wird dies besonders deutlich: Dort tritt der Sandstein gegenüber dem Kalkstein um mehrere Zentimeter zurück. Er ist flächig verwittert.

Es ist eine Sisyphos-Arbeit, die der Dombauhüttenmeister und seine Leute verrichten. Andererseits bietet die ständige Dom-Flickerei die einmalige Chance, den Bau gründlicher kennen zu lernen. So kann Stuhlfelder behaupten, mehr vom Dom gesehen zu haben als jeder zuvor. Sein Vorgänger etwa sei in 30 Jahren Dienstzeit „nicht einmal komplett rumgekommen" – um den Bau, auf dem Gerüst, denn nur von dort sieht man alle Details. So gibt es z. B. in der Nähe des Vierungsturms einen Teufel, der eine Frau über der Schulter trägt – angeblich die Rache eines mittelalterlichen Steinmetzen an seiner untreuen Frau: Die soll doch der Satan holen …

Dombauhüttenmeister Stuhlfelder empfindet immer aufs Neue Respekt vor der Arbeit seiner Vorgänger.

„Das waren schon Könner", sagt er. Wir sind mittlerweile quer durch den riesigen Dachstuhl gewandert, haben uns auf einer schmalen Galerie, die zugleich als Wasserablauf dient, am Langhaus entlanggearbeitet und ste-

---

MERIAN | DOM

Unbedingt ansehen sollten Sie sich im Innenraum die fünf gotischen Baldachinaltäre, die skulpturale Ausstattung der Westfassade, die Glasmalereien und die Figurengruppe des Erminoldmeisters.

Unbedingt anhören sollten Sie die Regensburger Domspatzen. Sie singen sonn- und feiertags im Gottesdienst um 10 Uhr.
Domführungen: Dompl. 5
Tel. 0941 5971660
www.domplatz-5.de

Zu filigran für die Ewigkeit: Die stark verwitterten Turmhelme mussten 1954-57, nach nur knapp hundert Jahren, vollständig erneuert werden

Schmutz im Engelshaar: Die Steinmetze entfernen systematisch den schadstoffhaltigen Krustenüberzug auf allen Außenflächen. 1989 begann die Rundum-Reinigung, ein Ende ist nicht in Sicht

hen nun am nordöstlichen Pfeiler des Nordturms. Je länger wir auf dem Dom herumsteigen, desto mehr erkenne ich seine raffinierte Bauweise und seine Proportionen. Begreife seine einzigartige Qualität.

Der Kölner Dom zum Beispiel ist wie ein S-Klasse-Mercedes aus den neunziger Jahren – protzig, wuchtig, schlecht proportioniert, mit überdimensioniertem Querhaus und ausladendem Strebewerk. Der Dom zu Regensburg hingegen gleicht einem Jaguar – schlank, elegant, mit perfekten Proportionen und doch von ungemein kraftvoller Ausstrahlung. Ob man ihn von Norden her anschaut, wo er wie ein Kristall aus dem zerklüfteten Gestein der Altstadt herauswächst, oder von Westen betrachtet, wo er mit den Türmen und der reich verzierten Fassade prunkt, von Süden, wo die rhythmische Gliederung des Langhauses deutlich wird, oder von Osten, wo der elegante Chor und das steil aufragenden Querhaus von den mächtigen und doch filigranen Türmen gekrönt werden: Immer strahlt der Regensburger Dom Eleganz aus, eine jubilierende Könnerschaft.

Helmut Stuhlfelder würde das mit der S-Klasse nie sagen. Dazu ist er zu nüchtern, zu sehr Handwerker und viel zu bescheiden. Aber dann lässt er sich doch auf eine kleine Diskussion über Kathedralen ein. Er kenne ja die meisten, erzählt er, schon deswegen, weil die europäischen Dombauhüttenmeister sich regelmäßig zum fachlichen Austausch treffen, Hausführung inklusive. Jeder Dom habe, meint Stuhlfelder, so seine eigenen Qualitäten. Aber dann sagt er es doch: „Ich find' meinen am schönsten."

Wir kommen zum Höhepunkt. Noch einmal im Nordturm hinauf über aberwitzig enge, gusseiserne Wendeltreppen. Immer höher, immer luftiger, vorbei an Gerüsten und Plattformen, Baustelle über Baustelle auch hier. Und dann treten wir wieder ins Freie. Über uns thronen jetzt die Turmhelme, feinste filigrane Neogotik. Stuhlfelder lehnt an der Balustrade und schaut ins Ungefähre. „Hier ist mein Lieblingsplatz", sagt er. Was für ein Ort! Weit geht der Blick über das Dächergewirr der Altstadt, über die Donau, die westlichen und nördlichen Vororte und die Ausläufer des Oberpfälzer Waldes. Erst hier oben begreift man so richtig, dass diese Arbeit aus zwei Teilen besteht: Aus der staubigen Werkstatt dort unten, wo der Meister und seine Gehilfen den Dom immer wieder neu erschaffen. Und dem Blick von hier oben, wo deutlich wird, wie das alles mal gemeint sein musste mit der Kraft und der Herrlichkeit.

Unten aber auf dem Domplatz, winzig klein, wuseln die Touristen. Der Stein von Werner Ballmann wird irgendwann an seinem Platz sein. Von da unten wird ihn keiner sehen, und nur ganz wenige Menschen, die irgendwann hier oben stehen, werden seine Arbeit zu schätzen wissen. ■

Stein gewordene Kraft und Herrlichkeit

Drachen, Kröten, Echsen: Die Skulpturen an den Strebepfeilern formten die Steinmetze ohne Vorgaben (links). Die Buntverglasung des Innenraums folgt den Gesetzen gotischer Lichtmystik: Alles soll hell und farbig sein, Symbol für den Sieg über die Finsternis

MERIAN | BAUGESCHICHTE

Buckeln und treten am Bau

Rund 300 Jahre arbeiteten die Regensburger an ihrem Dom – mit den modernsten Techniken des Mittelalters. Für die Türme reichte das Geld nicht mehr, und ein Baumeister verlor am Ende den Kopf

Stellen Sie sich folgendes Szenario vor: In 105 Meter Höhe über dem Erdboden muss der oberste Abschluss eines Kirchturms ausgetauscht werden – und das gleich zweimal. Zwei Kreuzblumen, sechs Meter hoch, zwei Meter breit müssen exakt auf einer Standfläche mit einem Durchmesser von gerade mal 60 Zentimetern abgestellt werden. Ein Kraftakt, den die Mitarbeiter der Dombauhütte ab 1998 vollbringen mussten.
Die Steinmetze mögen sich ins Mittelalter versetzt gefühlt haben, als die steinernen Kolosse in mehreren Einzelteilen per Hand mit Greifzügen und Auslegern auf die Turmspitzen transportiert wurden. So mühsam und aufwändig diese Arbeiten der Dombauhütte heute auch sind – die wirkliche Meisterleistung vollbrachten die Bauleute früherer Jahrhunderte: Rund 300 Jahre brauchten Generationen von Dombaumeistern, Steinbrechern, Steinmetzen, Maurern, Zimmerern, Dachdeckern, Glasmachern, bis 1859-69 mit den Arbeiten an den Turmhelmen und 1870-72 mit der Fertigstellung der Querhausgiebel der Bau endlich vollendet war.
Wie schwungvoll waren da noch die Anfänge des Dombaus gewesen! Um 1273 hatte man sich nach einem erneuten Brand endgültig dazu entschieden, den bereits mehrfach durch Brände mitgenommenen und wieder reparierten alten Dom, der wohl zwischen dem 9. und dem 11. Jahrhundert errichtet worden war, durch einen Neubau zu ersetzen. Absolut altmodisch muss ihr Dom damals auf die Regensburger Bürger gewirkt haben, denn seit der ersten Hälfte des 13. Jahrhunderts wurden auch im Heiligen Römischen Reich Deutscher Nation die alten romanischen Kirchen immer häufiger durch Bauten im neuen französischen Stil der Gotik ersetzt. In Anbetracht der politischen Macht, des Reichtums und des Selbstbewusstseins der florierenden Handelsstadt Regensburg konnte der alte Dom den Ansprüchen seiner Bürger kaum mehr genügen. Als diese auch noch in Bischof Leo der Tundorfer (1262-1277) einen starken Befürworter für das Projekt eines Neubaus fanden, konnte das gigantische Vorhaben endlich beginnen.

Die Planungen dafür kann man sich gar nicht kompliziert genug vorstellen. Ein Hauptproblem dürfte gewesen sein, während der Bauarbeiten den liturgischen Betrieb des Domes aufrecht zu erhalten. Den mittelalterlichen Bauleuten war durchaus bewusst, dass es mehrere Jahrzehnte dauern konnte, bis ein neuer Chorbereich mit einem geweihten Altar nutzbar sein würde. Wo aber sollte der Regensburger Bischof solange seinen Gottesdienst feiern? Die Lösung war raffiniert: Man brach den alten Dom zunächst nur im mittleren Teil ab. In dieser Lücke entstanden die neuen Ostteile, während die östlichen Teile des alten Doms, geschützt durch eine provisorische Wand, weiterhin als Bischofskirche genutzt werden konnten.
Je weiter der neue Dom nach Westen wuchs, desto mehr musste der alte weichen. Als der erste Bauabschnitt im Südchor fertig gestellt wurde, zeichnete sich ein Baumeisterwechsel ab, der sich heute noch am Hauptchor erkennen lässt. Die nun verarbeiteten Formen haben ihren Ursprung in der französischen Hochgotik, die im Großen und Ganzen bis zur Fertigstellung des Domes verbindlich blieb. Die Formensprache des Hochchors verweist auf eine ganz bestimmt Kirche: St. Urbain in Troyes. Dieser Bau entstand ab 1262 als Stiftung Papst Urbans IV. Die Verbindungen zwischen Troyes und Regensburg sind einfach zu erklären: 1274 nahm der Regensburger Bischof Tundorfer am Zweiten Konzil von Lyon teil und hatte dabei die Möglichkeit, die französische Gotik kennenzulernen. Zudem besuchten Regensburger Kaufleute die bedeutenden Handelsmessen von Troyes.
Bis um 1320 gelang es, den gesamten Chorbereich, das Querhaus und das erste Joch des Langhauses zu überdachen. Damit war in 50 Jahren mehr als die Hälfte der geplanten Grundfläche des Neubaus liturgisch nutzbar; die Res-

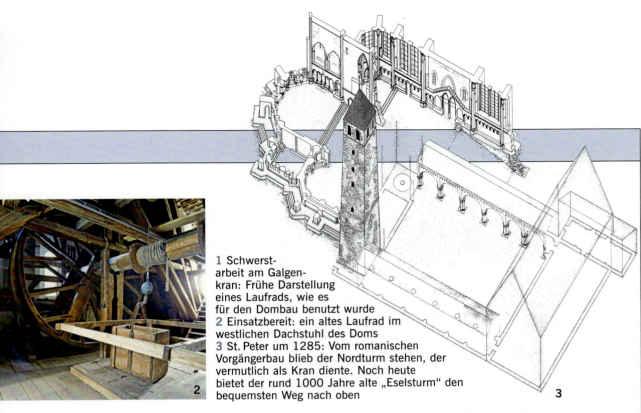

1 Schwerstarbeit am Galgenkran: Frühe Darstellung eines Laufrads, wie es für den Dombau benutzt wurde
2 Einsatzbereit: ein altes Laufrad im westlichen Dachstuhl des Doms
3 St. Peter um 1285: Vom romanischen Vorgängerbau blieb der Nordturm stehen, der vermutlich als Kran diente. Noch heute bietet der rund 1000 Jahre alte „Eselsturm" den bequemsten Weg nach oben

te des alten Doms konnten jetzt endgültig abgerissen werden. Aber wie konnte ein Bauwerk von 85 Meter Länge, 35 Meter Breite und einer Raumhöhe von über 30 Metern (Innenmaße) ohne Hilfe moderner Baumaschinen und Werkzeuge überhaupt entstehen?
Für den damaligen Stand der Technik arbeitete die Baustelle mit hochmodernen Mitteln. Am besten lässt sich die damalige Hightech-Ausstattung anhand des so genannten Eselsturms erklären. Er war Teil des romanischen Vorgängerbaus, die Bauleute ließen ihn aber absichtlich stehen, er diente ihnen vermutlich als Kran. In dem noch heute erhaltenen Eselsturm an der Nordseite windet sich eine stufenlose Rampe rund 35 Meter in die Höhe, oben auf dem Dach stand wohl die Baumaschine, deren Mechanismus man sich wie ein überdimensioniertes Hamsterrad vorstellen muss – in einem hölzernen Tretrad schufteten mehrere hintereinander stehende Männer, die mit ihrer Körperkraft das Rad antrieben. Diese Kraft wurde über Kranausleger auf Lastenseilwinden gelenkt, die das Baumaterial in die Höhe zogen. Eine anstrengende und gefährliche Arbeit – verließ einer der Männer beim Treten die Kraft, konnte es leicht passieren, dass das herabziehende Gewicht am Kran das Rad ruckartig in eine Rückwärtsbewegung versetzte und die Bauleute aus dem Rad heraus geschleudert wurden. Vielleicht empfand man diese Arbeit als die eines Esels würdig – jedenfalls gab man dem mittelalterlichen Kran den lateinischen Namen *asinus*, Esel. Ein original erhaltenes Laufrad steht im Dachstuhl des Doms.

Unerwartete Schwierigkeiten traten um 1340 auf. Nur 70 Jahre nach Baubeginn war auf der Südseite des Doms bereits der westliche Teil der Fassade erreicht – und damit die kleine Stiftskirche St. Johann. Diese aber stand quer zum Domneubau genau an jener Stelle, an der die neue Westfassade emporwachsen sollte. Doch die Stiftsherren weigerten sich beharrlich, ihre Kirche abreißen zu lassen. Insgesamt 40 Jahre musste der Bischof verhandeln und warten, bis es 1380 endlich soweit war: Die Stiftsherren erklärten sich zum Abbruch bereit. Als Bedingung forderte man einen Ersatzbau, der bereits ein Jahr später eingeweiht werden konnte und noch heute in unmittelbarer Nähe des Doms steht. Während des Streits waren die Südwand des Domes bis zum Dachansatz und der südliche Turm der Westfassade entstanden; jetzt endlich war der Weg frei für die Bauarbeiten zum Hauptportal und für den Bau der Westfassade. Stilistisch ist diese jahrzehntelange Verzögerung bis heute sichtbar: Hochgotische Detailformen finden sich am Südturm (ca. 1340-1380), spätgotische dagegen am Nordturm (ca. 1415-1514). Zwischen den beiden Türmen liegt das Hauptportal, dessen Skulpturen zu den wichtigsten Werken der Zeit um 1400 in Regensburg gehören. Folgt man den Spuren ihrer meisterhaften Ausführung und ihres besonderen Stils, gelangt man unweigerlich nach Prag. Dort arbeitete seit zirka 1356 mit Peter Parler einer der berühmtesten Baumeister und Bildhauer des Jahrhunderts am Dom. Parlers so genannter „Weicher" oder „Schöner Stil", lässt sich auch in den Figuren an der Westseite des Domes wiederfinden.
Auch die Baumeisterfamilie Roritzer, die spätestens ab 1415 die Regie des Regensburger Dombaus übernahm, stammt vermutlich aus Böhmen. Sie hatten in den folgenden 100 Jahren vor allem mit dem immer offensichtlicher zu Tage tretenden wirtschaftlichen Niedergang der Stadt zu kämpfen. Regensburg wurde arm, zu arm für den Dom, von dem es einst geträumt hatte. Der letzte Baumeister der Familie, Wolfgang Roritzer, wurde 1514 im Zuge bürgerlicher Unruhen hingerichtet, sechs Jahre später wurde der Dombau eingestellt. Erst rund 350 Jahre später leistete man sich die beiden Turmhelme, die sich heute als gewaltige Doppelspitze gen Himmel recken.

Ulrike Ziegler

▶ mehr Informationen zum Thema auf Seite 110

LITERATUR ANDREA SCHENKEL

Andrea Maria Schenkel eroberte 2006 mit ihrem Debütroman „Tannöd" auf Anhieb die Bestsellerlisten. Es folgten „Kalteis" und „Bunker". Die mittlerweile berühmte Krimiautorin lebt auf dem Land, ist aber bekennende Städterin – schon als Kind liebte sie es, wenn ihre Großmutter von Regensburg erzählte

Die Radifrau
Erinnerungen an meine Großmutter

Früher wurde in Weichs, einem Stadtteil meiner Heimatstadt Regensburg, überall „Radi" angebaut – so nennt man bei uns den Rettich. Dort, im feinsandigen Schwemmlandboden, gedieh der beste. Seit meinen Kindertagen gehört Radi für mich zu Regensburg wie die Donau, die meine Heimatstadt durchschneidet. Ohne die Donau und die alljährlich wiederkehrenden Hochwasser wäre die weiße Rübe nur halb so gut. Denn meist im Frühjahr tritt der Fluss über die Ufer, und die schlammfarbenen Wasser quetschen sich durch die Pfeiler der Steinernen Brücke – all die Lieder, in denen die „schöne blaue Donau" besungen wird, lügen. Ich kann mich nicht erinnern, dass das Wasser der Donau jemals blau war, sie ist immer schmutzigbraun, manchmal im Sommer mit einem Stich ins Grüne, bei Hochwasser milchkaffeefarben. Der „Weichser Radi" aber brauchte das sandige Schwemmland, das der Fluss nach seinem Rückzug ins Flussbett auf den Ufern zurückließ.

Zu Beginn des 20. Jahrhunderts war der Rettich der Exportartikel des damals noch nicht eingemeindeten kleinen Dorfes Weichs. Bis nach Hamburg und Berlin wurde er ausgeliefert, in Biergärten verkauft. „Weichser Radi" ist nicht zu „raß", also nicht zu scharf, eher mild, wenn er infolge des Salzens richtig „geweint" hat. Und er macht, zur Freude der Wirte, durstig. Daher auch der Name „Bierrettich".

In Regensburg gehörten früher die Radifrauen zum sommerlichen Stadtbild wie die Biergärten an der Donau, in denen sie ihre Rettiche verkauften. Meine Großmutter hatte ihren Standort in Stadtamhof, gleich im steinernen Torbogen zum Schildbräu und nur ein paar Schritte vom Protzenweiher entfernt. Dort fand damals zweimal im Jahr die „Regensburger Dult" statt. Heutzutage wird das Volksfest gut einen Kilometer weiter westlich auf dem asphaltierten Dultplatz abgehalten, doch die alten Regensburger trauern immer noch dem alten Standort nach, hatte der Besuch dort doch einen sehr eigenen Charme – notdürftig mit Kies aufgeschüttet, verwandelte sich der Platz bei Regen immer wieder in eine Schlammwüste, und einem jeden Besucher war die Herkunft des seltsamen Namens plötzlich klar: Protzen sind dicke, fette Kröten, und der Protzenweiher war ein sumpfig matschiger Krötenteich. Aber das ist eigentlich nicht die Geschichte, die ich erzählen möchte, ich wollte von meiner Großmutter er-

78 MERIAN www.merian.de

zählen und darüber, wie sie es schaffte, nur mit dem Verkauf von Rettich ihre acht Kinder ganz allein großzuziehen.

Mein Großvater starb nach längerer Krankheit im November 1932. Bauchfellentzündung, vermutlich Krebs, nur nannte man das noch nicht so. Zurück blieben meine Großmutter, damals eine junge Frau von 38 Jahren, und ihre acht Kinder im Alter von drei bis 17. Durch die Krankheit war alles Ersparte aufgebraucht, meine Großmutter völlig mittellos. Denn mein Großvater hatte sich erst kurz vor Ausbruch seiner Krankheit selbstständig gemacht und, um Geld zu sparen, nicht in die Sozialversicherung eingezahlt.

Kurz nach der Beerdigung klingelten zwei Beamte der Wohlfahrt an der Tür, und noch Jahrzehnte später schilderte meine Mutter uns Kindern in allen Einzelheiten, was anschließend geschah: In alle Schränke und Schubladen sollen die beiden Herren geschaut haben, nichts soll ihrem strengen Beamtenblick verborgen geblieben sein. Meine Großmutter stand daneben mit vor der Brust verschränkten Armen. Je länger das Suchen anhielt, desto mühseliger wurde es für sie, geduldig danebenzustehen. Und so war es nur eine Frage der Zeit, bis ihr der Kragen platzte. Dieser Ausbruch geschah genau in jenem Augenblick, als ihr die beiden Beamten den Vorschlag machten, die vier jüngsten Kinder in ein Waisenheim zu geben. „Sehen Sie, gute Frau, es ist doch unmöglich für Sie, alle acht Kinder großzuziehen." Meine Mutter spielte uns Kindern die Szene immer und immer wieder vor, die Arme halb erhoben, die Hände mit den Handflächen nach außen und oben gestreckt – so soll meine Großmutter dagestanden sein und laut gerufen haben: „Mit meinen Händen werde ich sie großziehen, mit diesen meinen Händen."

Ich sehe sie vor mir, die beiden Beamten, wie sie die drei Stufen zur Haustür ins Freie hinunterstürzten. Und meine Großmutter? Sie soll dagestanden sein in der geöffneten Haustür, aufrecht, stolz, hoch gewachsen, schwarz gekleidet und die damals noch blonden Haare zu einem festen Knoten gebunden. Als Kind habe ich mir die Szene immer und immer wieder so vorgestellt.

Sie hat ihre acht Kinder großgezogen, mit den Händen und dem Rettich. Jeden Tag um vier Uhr in der Früh stand sie auf und lief hinüber nach Weichs. Half dort in aller Frühe beim Radiwaschen, bündelte die Rettiche im Dreier-, Fünfer- und Siebener-Bund. Machte ganze Steigen fertig für den Transport und Verkauf. Fuhr dann anschließend mit ihrem Leiterwagen voller Radi hinüber nach Stadtamhof, zu ihrem Standort unter dem steinernen Torbogen zum Schildbräu. Am späten Nachmittag kam sie müde und erschöpft nach Hause. Aß kurz und ging dann wieder aus dem Haus, zu ihren Putz- und Waschplätzen. Wochenends arbeitete sie im eigenen Garten. Und sie hat es geschafft: Hätte ihr der Krieg nicht einen der Söhne genommen, sie wären alle durch die „schlechte Zeit" gekommen.

Als kleines Kind bin ich oft an der Hand meiner Mutter über die Steinerne Brücke nach Stadtamhof gegangen, die Oma besuchen. Jedes Mal beim Überqueren der Brücke hob mich meine Mutter hoch und ließ mich hinunterschauen auf den Strudel, auf das Wasser, das sich durch die Pfeiler zwängte, das zugleich vorwärts wie rückwärts lief und schäumte. „Kind, da musst vorsichtig sein, wennst da reinfällst, kommst nimmer raus! Der Strudel gibt dich nimmer her", höre ich noch immer die Stimme meiner Großmutter. Und noch immer sehe ich sie in der Toreinfahrt sitzen, sehe die schwarze Witwenkleidung, darüber eine dunkle, klein gemusterte Kleiderschürze, der Schopf grau geworden, ab und zu hatte sie sich ein Kopftuch umgebunden. Sehe den Radi im Leiterwagen, abgedeckt mit feuchten, blauweiß karierten Tüchern. Oft war sie eingeschlafen auf ihrem Schemel, die Hände über der Brust gefaltet. Arbeitshände, alt und zerschunden.

Bei jedem meiner Besuche drückte sie mir zum Abschied ein silbern glänzendes Fünfzigpfennigstück in die Hand. Für mich ein kleines Vermögen. Wenn meine Mutter sie fragte, warum sie denn nicht zu Hause bleibe, jetzt, wo sie doch in Rente sei und die Kinder längst aus dem Haus wären, kam immer die gleiche Antwort. „Wenn ich nimmer daher gehen kann, dann bin ich tot." Nach ihrer letzten Radisaison im September 1968 ging es ihr dann nicht mehr so gut. Sie lag im Bett, fühlte sich matt und schlecht. Sie starb im November. Radifrauen gibt es in Regensburg nicht mehr. ∎

„Weichser Radi" ist eine Regensburger Spezialität. Kräftig, aber nicht zu scharf, gehört er zur Brotzeit im Biergarten. Obwohl im Stadtteil Weichs längst kein Rettich mehr angebaut wird, hält sich der Name bis heute

Wer zu den Domspatzen geht, muss außer Stimme und Spaß am Singen auch die gymnasiale Reife mitbringen: Neben dem Gesangsdienst im Dom wird auch für den Unterricht gebüffelt (links)

Die Regensburger Domspatzen sind der älteste Kinderchor der Welt. Seit über 1000 Jahren lernen Knaben hier das Singen. Auf Disziplin wird Wert gelegt, denn die Zeit bis zum Stimmbruch ist knapp

Harter Drill zur Ehre Gottes

FOTOS **NATALIE KRIWY**

Knabenstimmen von alles durchdringender Kraft: Probe zum Eröffnungskonzert der „Tage Alter Musik" 2009 mit dem L'Orfeo-Barockorchester in der Alten Kapelle zu Regensburg

Der Tag im Internat ist durchgeplant wie der eines Managers

1 Schule ist für die Domspatzen genau wie für alle anderen ein Ort für Witz und Frust **2** Von Anfang an wird jeder Schüler geschult, lernt bei Stimmbildnerin Roswitha Schmelzl die richtige Gesangstechnik **3** Nur die Besten gehören zum ersten Chor und bekommen für die Konzerte von Nähschwester Gertrude einen Frack angepasst **4** Immer wieder sonntags: Für den wöchentlichen Auftritt im Dom müssen sich die Jungen einsingen. Sie begleiten die Gottesdienste mit gregorianischen Chorälen, polyphonen Messen und Motetten

Ihr Spitzname: »Die Stradivari unter den Knabenchören«

1 Allererste Pflicht ist das Singen im Dom, und dafür braucht jeder den – nicht sehr geliebten – Chorrock **2** Jungs unter sich: Mittags geht es im Speisesaal der Schule so laut und chaotisch zu wie in jedem anderen Internat **3** und **4** Die musikalische Gestaltung der Feiertage gehört zu den Höhepunkten im Jahr der Domspatzen. Dann singt der Konzertchor zu Hause im Dom. Nur wer in diese erste Garde aufgenommen ist, darf mit auf die Tourneereisen fahren

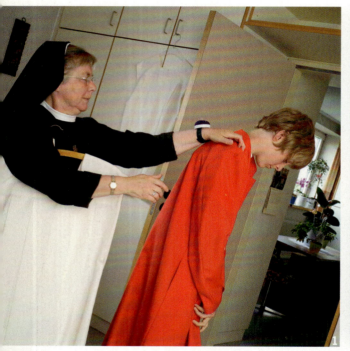

Singen ist anstrengend. Und manchmal ist ein Bub wie Christian davon ziemlich geschafft. Doch wer hier singt, macht es freiwillig

»Wir waren eine Art Singmasse«

Zwei ehemalige Domspatzen über cholerische Lehrer und das Gefühl der Ekstase in eisiger Kälte

MERIAN: Vor mehr als 50 Jahren haben Sie beide sich zum ersten Mal getroffen – im Internat der Regensburger Domspatzen. Warum haben gerade Sie sich angefreundet?
Klaus Bueb: Wir waren eine Notgemeinschaft. Die meisten der Kinder kamen aus Bayern, und da waren wir die Exoten. Wenn man nicht bayerisch sprach, wurde man angeschaut wie ein Yeti. Mir hat da mein Schwäbisch noch ein wenig geholfen. Du, Ulrich, hattest es schwerer.
Ulrich v. Saurma: Allein die Tatsache, dass ich Hochdeutsch sprach, hat Aufmerksamkeit erzeugt, aber keine positive.
Wurden Sie gemobbt?
Bueb: Nicht massiv. Aber wir gehörten einfach nicht dazu.
Sind Sie freiwillig Domspatzen geworden?
v. Saurma: Ich überhaupt nicht. Aber unser Dorfpfarrer hatte meinem Vater gesagt: Der Junge ist so musikalisch, der hört so gut. Und weil ich sowieso auf ein Internat musste …
Warum?
v. Saurma: Meine Eltern lebten getrennt, mein Vater konnte sich um uns Kinder nicht richtig kümmern. Und so hat er entschieden: Geben wir den Jungen in ein Musikinternat.
Bueb: Bei mir war es etwas anders. Ich war ein ziemlich gestörtes Kind, hab' schwer gestottert und auf dem Gymnasium in Stuttgart massiv versagt. Allerdings hab' ich sehr gern in einer Choralschola gesungen: gregorianische Gesänge, Stücke von Palestrina – genau die Musik also, für die die Domspatzen berühmt sind. Und so kam bei mir der Wunsch auf, zu diesem Superchor zu gehen. Sicher auch, weil ich merkte, dass ich beim Singen nicht stotterte.
Singen als Therapie?

Bueb: Ja, das ist oft so: Wer singt, stottert nicht. Jedenfalls bin ich mit meinen Eltern nach Regensburg gefahren, habe beim Domkapellmeister Theobald Schrems vorgesungen …
… der fast 40 Jahre lang die Domspatzen geleitet hat …
Bueb: … und wurde sofort aufgenommen. Geholfen hat sicherlich, dass

KLAUS BUEB, geboren 1946, kam mit 13 Jahren zu den Domspatzen. Später studierte er Literaturwissenschaft und Soziologie. Er arbeitet heute als Drehbuchautor, Regisseur und Schauspieler

meine Eltern als Millionäre galten. Das stimmte zwar damals schon nicht mehr, was man in Regensburg aber nicht wusste – und so wurden wir von der Hausleitung immer ein bisschen hofiert.
Ein Großbürgerkind, ein junger Adliger – kamen Domspatzen generell eher aus der Oberschicht?
Bueb: Nein. Wir hatten da zwar noch einen Neffen des damaligen bayerischen Ministerpräsidenten Alfons Goppel: Franz Wittenbrink, der ist heute ein bekannter Theaterregisseur. Ansonsten aber kamen die meisten aus Handwerker- oder Beamtenfamilien.
Wie sah Ihr Alltag aus?
Bueb: Schule und Internat waren in einem Nachkriegsbau untergebracht, gut zwei Kilometer vom Dom entfernt. Zuerst schliefen wir mit etwa 20 Kindern in einem Saal, später in Vierer- oder Sechser-Zimmern.

v. Saurma: Das Prinzip war: Je kleiner du warst, desto größer die Anzahl der Betten in den Zimmern.
Der Tag begann wahrscheinlich früh und mit Gebet?
v. Saurma: Wecken war meist um halb sieben. Dann um sieben Uhr Messe bis kurz vor halb acht, anschließend ruckzuck Frühstück. Vormittags war normaler Gymnasialunterricht, bis 13 Uhr etwa. Am Nachmittag mussten wir in den Singunterricht, etwa zwei Stunden lang.
Bueb: Und da hatten wir einen ziemlich martialischen Lehrer, der wurde Presssack genannt – nach dieser bayerischen Wurst, in die man alle möglichen Innereien hineinstopft. Dieser Presssack war so ein wuchtiger, kleiner Mensch.
v. Saurma: Und cholerisch.
Bueb: Absolut cholerisch! Wenn jemand falsch gesungen hatte, knallte er den Klavierdeckel ganz plötzlich herunter. Man sang da so vor sich hin – und auf einmal: bang! Und ich, der ich eh so labil war, bin immer zu Tode erschrocken.
v. Saurma: Manche Kinder haben vor Schreck das Buch fallen lassen.
Bueb: Der Presssack hatte noch eine üble Art zu triezen, indem er einen an den Ohrläppchen hochzog. Und von den Erziehern gab's oft Schläge.
Der Klang der glockenhellen Knabenstimmen, der die Zuhörer erfreut, war in Wirklichkeit also …
v. Saurma: … unter Schmerzen erkauft. Wobei man sagen muss: Solche Erziehungsmethoden waren in den fünfziger Jahren sehr verbreitet.
Bueb: Wir waren eine Art Singmasse, aus der man möglichst viel rausholen wollte. Ist ja eine teure Sache, so eine Stimme auszubilden. Und hält auch nicht lange.

Wegen des Stimmbruchs.
Bueb: Man hat deswegen angeblich auch versucht, den hinauszuzögern.
v. Saurma: Das haben wir immer vermutet, dass im Tee etwas drin ist, was die Pubertät unterdrückt. Aber das stimmte wohl nicht. Es gab auch die Gegengerüchte, dass man früher Stimmbruch bekommen würde, wenn man Seifenlauge trinkt. Ich habe Seife in Wasser aufgelöst und ein paar Schluck getrunken – aber das war einfach zu ekelhaft.
Sie wollten Stimmbruch bekommen?
v. Saurma: Unbedingt. Damit ich nicht mehr in den kalten Dom muss.
Dort hatten Sie Ihre Auftritte?
v. Saurma: Ja, jeden Donnerstag, das war so Tradition, und regelmäßig an Sonn- und Festtagen. Da war es immer kalt, im Winter höchstens zwei oder drei Grad. Handschuhe durften wir nicht tragen, weil wir so die Seiten im Choralbuch nicht umblättern konnten. Also haben wir uns fast die Pfoten abgefroren.
Waren die Gottesdienste für Sie nur Zwang?
Bueb: Also ich hab' das auch genossen. Die gregorianischen Choräle haben etwas sehr Beruhigendes. Das war ein Eintauchen in eine Welt, die nicht die alltägliche war – eine andere Dimension.
v. Saurma: Natürlich ist es ein großartiges Erlebnis, eine achtstimmige Messe von Palestrina zu singen. Irgendwie kam ich nicht umhin, dabei zutiefst berührt zu sein. Kinder, die nicht im Chor gesungen haben, kennen so etwas nicht.
Bueb: Als Highlight erinnere ich mich an das „Te Deum" von Anton Bruckner, das wir mit Orchester gesungen haben. Das war unglaublich leidenschaftlich.
v. Saurma: Wenn du mit solch einem großen Chor eine Aufführung hast, und du bist darin so ein kleiner Sängerling – dann bist du richtig ergriffen.
Bueb: Selbst du, der da eigentlich nicht hinwollte?
v. Saurma: Selbst ich.
Ein Gefühl von Ekstase?
v. Saurma: Absolut. Was wirklich irre war: Einmal – da warst du nicht mehr dabei – haben wir die „Carmina Burana" von Carl Orff gesungen. Orff lebte damals noch. Und Theobald Schrems, unser Leiter, war sein Freund.

Bueb: Die kannten sich? Das wusste ich gar nicht.
v. Saurma: Wir haben dann im Beisein von Orff das Stück aufgeführt. Wenn man wie ich jahrelang nur fromme Choräle gesungen hat, dann zum ersten Mal „Carmina Burana" singt und mitbekommt, was da für ein Schweinkram gesungen wird …
Zum Beispiel: „Si puer cum puellula moraretur in cellula, felix coniunctio".
v. Saurma: „Wenn Knabe und Mägdelein verweilen im Kämmerlein – seliges Beisammensein" – da fällst du vom Glauben ab, wenn du so was hörst. Da geht richtig die Post ab, mit Schlagzeug und schön laut. Ich war hin- und weggerissen. So weltlich, so deftig!
Bueb: Du musst noch von den Transistorradios erzählen.
v. Saurma: Die haben wir selbst gebastelt aus ein paar Bauteilen – die Antenne war die Bettfeder. Ich habe

ULRICH VON SAURMA, geboren 1946, kam mit zehn Jahren zu den Regensburger Domspatzen. Er studierte Politikwissenschaften und ist heute Kulturredakteur beim NDR-Fernsehen

meist nachts gehört, mit nur einer Kopfhörermuschel auf dem Kissen – wenn die Erzieher zum Kontrollgang kamen, sah es aus, als würde ich selig schlafen. So habe ich die Lieder von Édith Piaf kennen gelernt.
Bueb: Und ich Bill Ramsey. So was war bei den Domspatzen natürlich verpönt – wie alles Nicht-Klassische.
Waren Sie auch selbst mal im Radio zu hören – bei Gottesdiensten oder Konzerten?
v. Saurma: Das erinnere ich nicht … aber es gibt eine Volkslieder-Platte der Domspatzen, auf der wir drauf sind.
Bueb: Ich bin sogar auf dem Cover zu sehen, davon versprach man sich wohl was in Hinblick auf meine Eltern.
v. Saurma: Außerdem warst du ja ein ganz Hübscher. Für uns war das natürlich etwas Tolles – eine Schallplatte. Die Platte hat sich noch jahrelang gut verkauft, auch als wir schon längst nicht mehr auf dem Internat waren.
Wie ging Ihre Domspatzen-Zeit zu Ende?
Bueb: Bei mir war es mit dem Stimmbruch vorbei.
Musste man dann gehen?
Bueb: Nein, man blieb normalerweise bis zum Abitur und wurde wieder eingesetzt, sobald sich die Stimme gefestigt hatte. In der Zwischenzeit gab's Unterricht in Harmonielehre, Musikstücke in andere Tonarten transponieren und Ähnliches. Für mich furchtbar, weil ich in Mathe ohnehin die Katastrophe war. Da bin ich bald gegangen.
v. Saurma: Und ich habe – in meinem unendlichen Frust, von meiner Familie getrennt zu sein – mich unbewusst verweigert und immer schlechtere Noten geschrieben. Ich kam zunächst auf ein anderes Internat, später endlich zu meiner Mutter nach Norddeutschland – und hatte von Stund an keine Schulprobleme mehr.
Waren Sie danach noch mal da?
v. Saurma: Ja, viele Jahre später. Damals war Georg Ratzinger Leiter des Chors. Er fragte mich, was ich machen würde, und ich antwortete: Politikwissenschaften studieren. Darauf er: „Ah, da sind Sie a Linker!"
Was wäre in Ihrem Leben anders gewesen, wenn Sie nicht bei den Domspatzen gewesen wären?
v. Saurma: Ohne die Domspatzen hätte ich meine große Liebe zur Musik nicht. Ich habe – ohne es zu wollen – eine sehr gute musikalische Bildung mitbekommen. Das hat mir in meiner Arbeit sehr geholfen. Bis heute höre ich gern und viel Kammermusik, sehr viel Bach, Klassik rauf und runter, neuere Musik in Maßen.
Bueb: Trotz dieser grässlichen Erziehungsmethoden: Mir hat die Zeit in Regensburg unglaublich geholfen. Von zu Hause wegzuziehen, hat mir gut getan, genau wie das Singen. Dadurch sind meine Sprachprobleme verschwunden. Später konnte ich Schauspiel studieren – obwohl ich vorher gestottert habe.
Sind Sie stolz, Domspatz gewesen zu sein?
v. Saurma: Ein bisschen schon.
Bueb: Ich bin vor allem stolz, dass ich den Sprung in das bitterkalte Wasser dieser fremden bayerischen Welt gewagt habe. ■

Das Gespräch führte Oliver Fischer.

Georg Ratzinger, 85, in seinem Esszimmer. 30 Jahre leitete er den Chor der Domspatzen, 2005 wurde sein drei Jahre jüngerer Bruder Joseph zum Papst gewählt. Einmal in der Woche telefoniert er mit dem Pontifex, sein Bild hängt an der Wand

ZU BESUCH BEI GEORG RATZINGER

Der große Bruder

Der Papst ist der wichtigste Mensch in seinem Leben. Niemand kennt ihn besser. Er ist sein Gefährte, sein Freund, seine Familie

TEXT **OLIVER FISCHER** FOTO **NATALIE KRIWY**

Vor ein paar Tagen erst ist er aus Rom zurückgekehrt. Danke, dem Papst gehe es gut, sie hatten schöne Tage miteinander, haben morgens zusammen die Messe zelebriert, sind mittags auf dem Dachgarten des Apostolischen Palastes spazierengegangen und haben abends nach den Nachrichten ein bisschen geplaudert. Georg Ratzinger ist wieder daheim in seinem Haus mitten in Regensburg, mit den hohen Giebeln, den gerüschten Gardinen und den Blumenkästen voller roter Geranien. Aus dem Nebenzimmer hört man Frau Heindl, die Haushälterin, wie sie mit den Rührbesen im Topf wirbelt, um zwölf ist Mittagessen, wie jeden Tag.

Ratzinger sitzt am Tisch in seinem Esszimmer, er trägt eine schwarze Wollweste und ein Hemd mit weißem Priesterkragen. In einer Ecke steht ein Spinett, auf dem er schon lange nicht mehr gespielt hat, Frau Heindl legt da jetzt die Post ab. Manchmal setzt er sich oben ans Klavier und spielt Stücke, die er auswendig kennt. Noten kann er nicht mehr lesen – er ist 85 und fast blind.

Dreißig Jahre lang hat Ratzinger die Regensburger Domspatzen geleitet, den berühmtesten Knabenchor der katholischen Welt. Mit den Sängern trat er vor Königin Elisabeth II. auf und vor Ronald Reagan, gab Konzerte in New York und London. Doch wenn man sich heute für ihn interessiert, dann geht es meist um seinen drei Jahre jüngeren Bruder Joseph, den Papst.

„Das stört mich net", sagt er mit bayerischem Akzent. „Zwischen uns gibt es keinen Neid, kein oben und unten, wir sind einfach Brüder." Ja, Joseph sei der wichtigste Mensch in seinem Leben. Vom „Gefährten für meinen Lebensabend" hatte er kurz nach der Papstwahl gesprochen – und gefürchtet, ihn nun an das Amt verloren zu haben. Aber das sei übertrieben gewesen, sie sehen sich ja weiter regelmäßig. Drei, vier Mal im Jahr fährt er nach Rom, und zu Hause in der Luzengasse läutet einmal die Woche im Obergeschoss ein Telefon, das speziell für Gespräche mit dem Vatikan installiert wurde. Der Papst klingelt meist abends gegen halb neun durch, wenn er sein Tagesprogramm erledigt hat. „Während der Arbeit macht er keine privaten Sachen", sagt Ratzinger. Als wäre sein Bruder nicht der letzte ab-

www.merian.de MERIAN **89**

Streng und gläubig: Joseph Ratzinger, ein Gendarm, und seine Frau Maria erzogen Maria, Georg (2. v. l.) und Joseph mit harter Hand

In Gottes Dienst: Georg (links) und Joseph werden 1951 im Freisinger Dom gemeinsam zu Priestern geweiht

»Der liebe Gott
hat alles wunderbar gefügt«

solute Monarch Europas, sondern ein Beamter, der sich keine Unkorrektheiten erlauben darf.

Anders als andere in der Umgebung von Papst Benedikt XVI. macht Georg Ratzinger sich nicht wichtig mit seiner Nähe zu ihm, will jeden Anschein des Spektakulären vermeiden. Wie der Papst als Kind war? – „Ein ganz normaler Bub." Wie redet er ihn an? – „Ich sag' Joseph zu ihm." Warum hat sein Bruder ihm die Ikone geschenkt, die drüben neben der Tür hängt und auf der Jesus mit dem Zöllner Zachäus zu sehen ist? – „Weil er sie halt übrig g'habt hat." Worüber sie bei ihren Treffen reden? – „Über Alltägliches, gemeinsame Bekannte, Erinnerungen aus der Jugendzeit."

Aufgewachsen sind die beiden, zusammen mit ihrer inzwischen verstorbenen Schwester Maria, in der Welt des oberbayerischen Kleine-Leute-Katholizismus. Der Vater, ein Gendarm, erzieht die Kinder streng und duldet wenig Widerspruch. Aber er erkennt früh Georgs musikalische Begabung, schenkt ihm Partituren und kauft ihm ein Harmonium für 241 Mark, was damals viel Geld ist.

Die Familie besucht fast jeden Tag den Gottesdienst, an Feiertagen auch zwei Mal, die Kinder gehen gern mit. Ratzinger erzählt von Adventsmessen im Kerzenschein, von Festtagsgottesdiensten mit Blumen, Weihrauchwolken und kostbar bestickten Gewändern. „Danach gab's daheim immer ein schönes Frühstück, da war gute Laune allenthalben. Wir haben so viel Schönes erlebt in der Kirche. Es wäre uns gar nicht in den Sinn gekommen, dagegen zu rebellieren." Bis heute fühlen sich die Ratzinger-Brüder der heiteren, selbstverständlichen Frömmigkeit ihrer Jugend verbunden.

Im Herbst 1942 wird Georg zur Wehrmacht eingezogen. Seine Division kommt nach Italien, an der Küste südlich von Rom sollen sie die Alliierten zurückschlagen. Sie werden von den Amerikanern bombardiert, stundenlang, und als es aufhört, sagt Ratzinger zu dem Kameraden neben sich: „Du, wir müssen weiter – und da seh' ich erst, der hatte gar keine Hüfte mehr, der war schon längst tot." Er stockt einen Moment in seiner Erzählung, hält sich die Hände vors Gesicht.

Im Sommer 1945 kehrt er aus amerikanischer Gefangenschaft in die Hei-

Heimatgefühle: Im Beisein des Bruders winkt Benedikt XVI. im Herbst 2006 vor seinem Haus in Pentling wartenden Gläubigen zu

Ständchen in der Sixtinischen Kapelle: Zu Georg Ratzingers 85. Geburtstag 2009 singen die Domspatzen im Vatikan

mat zurück, schon von weitem sieht er die Mutter am Brunnen vorm Haus stehen. Er läuft auf sie zu, grüßt sie, voller Freude, aber ohne Umarmung – „so sentimental waren wir nicht". Dann geht er hinein, setzt sich ans Klavier – hier kann er seine Gefühle am besten ausdrücken – und spielt: „Großer Gott, wir loben dich."

Schon vor dem Krieg wollte Ratzinger Priester werden, die Entscheidung war so selbstverständlich, dass er gar nicht sagen kann, wann er sie getroffen hat. „Man hat halt irgendwann gemerkt, das ist eine Aufgabe, zu der mich Gott vielleicht brauchen kann." Gemeinsam mit seinem Bruder wird Georg am 29. Juni 1951 im Dom zu Freising geweiht. Wie er gehofft (und von Gott erbeten) hatte, erhält er Aufgaben, die Musik und Priesteramt verbinden, erst als Chordirektor in Traunstein, dann ab 1964 als Leiter der Domspatzen in Regensburg.

Die ersten Jahre sind schwer: Zwei Neffen seines verstorbenen Vorgängers Theobald Schrems arbeiten im Haus und fühlen sich als die wahren Chefs. Ratzinger kann sich kaum durchsetzen „Ich war a bissl schüchtern und hab' g'dacht, alle anderen sind klüger und tüchtiger als ich." Die Probleme enden erst, als an einem Novembermorgen 1969 einer der Neffen tot unter der Nibelungenbrücke liegt, ob es Selbstmord oder ein Unfall war, ließ sich nie klären.

Sein Bruder Joseph gibt im selben Jahr seine Professur in Tübingen auf und wechselt ins bravere Regensburg, gemeinsam mit seiner Schwester Maria, die ihm den Haushalt führt. Regensburg wird die neue Heimat der Familie: Joseph baut sich in Pentling am Stadtrand ein Haus, in dem sich die Geschwister immer sonntags zum Kaffee treffen. Aber schon nach acht Jahren beginnt Josephs Aufstieg in der kirchlichen Hierarchie: Er wird Erzbischof von München und Freising, dann Chef der Glaubenskongregation in Rom, verbringt aber bis zur Papstwahl mehrere Wochen im Jahr in Regensburg.

Georg Ratzinger bleibt bei den Domspatzen, bis er 1994 nach mehr als 1500 Konzerten und Gottesdiensten und über 20 Platten-Einspielungen in den Ruhestand geht. Er tritt dem Stiftskapitel von St. Johann bei, einer Vereinigung von zurzeit sechs pensionierten Priestern, die ihm auch das Haus in der Luzengasse zur Verfügung stellt.

Auch heute ist sein Tag exakt eingeteilt. Ratzinger feiert mit den Kollegen werktags um sieben Uhr die Messe in der kleinen Stiftskirche neben dem Dom, freundlich betrachtet von seinem Bruder, dessen Bild auf einer mannshohen Kerze im Altarraum klebt. Danach frühstückt er daheim, hört Nachrichten auf Radio Bayern 4, und wenn – wie bei der Debatte um die Piusbrü-

der – der Papst kritisiert wird, „dann ärgere mich schon, jawohl". Am frühen Nachmittag geht er, einen weißen Stock in der Hand, eine halbe Stunde in der Fußgängerzone spazieren oder setzt sich auf sein „Heimtrainer-Radl". Mehrmals die Woche kommen ehemalige Domspatzen, eine Professorengattin oder „andere gute Leute" vorbei, tippen Briefe für ihn oder lesen ihm vor, etwa aus „Deutsche Geschichte" von Golo Mann.

„Der liebe Gott hat alles wunderbar gefügt in meinem Leben", sagt er. Nun müsse er nur noch eine Prüfung bestehen, die letzte, und sich auf das andere Leben vorbereiten, in dem es keinen Kummer mehr gibt und nichts Negatives. Die Gebete nicht vernachlässigen, das sei jetzt das Wichtigste, und den Jähzorn zügeln, vor allem den Jähzorn auf sich, wenn ihm mal wieder ein Name nicht einfällt oder eine Jahreszahl.

Beerdigt werden will er auf dem Unteren Friedhof, neben seinem Vorgänger Schrems. „Der liegt da so allein, ich hör' ihn schon rufen." Sein Bruder wird bei den anderen Päpsten in den Grotten von St. Peter begraben, die Schwester liegt oben in Ziegetsdorf bei den Eltern. „Aber in der Ewigkeit sehen wir uns alle wieder, da hab' ich keine Sorgen." Er lacht leise, ein alter, fast blinder Mann hinter den gerüschten Gardinen seines Hauses. Es ist zwei Minuten vor zwölf, Frau Heindl hat das Essen fertig. ■

Dorische Säulen auf den Donaubergen: Vom Walhalla-Plateau blickt man weit übers Tal. Nach dieser Bellevue hat der bayerische König Ludwig I. lange gesucht

SO WEIT, SO SCHÖN, SO NAH

Fabelhafte Ziele für eine Landpartie liegen an Donau, Naab und Vils. Ob Sie's monumental, malerisch oder bayerisch barock mögen – auf diesen drei Touren können Sie was erleben

FOTOS **ARTHUR F. SELBACH**

1 Das Innere der klassizistischen Ehrenhalle entsprach dem Zeitgeist von 1842: Paarweise tragen Karyatiden das Dachgebälk **2** Eine gewaltige Freitreppe führt hoch zum Tempel, der von Leo von Klenze nach dem Vorbild des Athener Parthenons erbaut wurde

WALHALLA
Materialschlacht für deutsche Helden

Ein seltsames Gefühl beschleicht mich, während ich durch den Säulengang wandele. Er konfrontiert mich mit Dimensionen, die aus mir eine Zwergin machen. Einen altnordischen Heldenhimmel, Valhall, zitiert die Walhalla: ein Jenseits mit Bier und Met, die ruhmreichen Recken nach ihrem irdischen Sein von Walküren gereicht wurden. Ein Monument, das an Bombast schwer zu übertreffen ist. Und so sollte es auch wirken, denn nicht nur der Name gefiel Ludwig I. von Bayern, als er beschloss, die Walhalla, diesen Ruhmestempel für Helden des deutschen Geistes- und Militärlebens zu bauen. Als Heiligtum für eine zersplitterte Nation ohne Schlachtenglück und Selbstwertgefühl. Er beauftragte Leo von Klenze, der in zwölf Jahren schlankerhand den Athener Parthenon etwa zehn Kilometer von Regensburg entfernt nachbaute. Eine gigantische Materialschlacht in Marmor, ein steinernes Brimborium entstand so bei Donaustauf, hoch über dem Fluss. Sprechende Architektur, die den Besucher über 358 Stufen in den Ruhmeshimmel führt. 1842, bei der Einweihung des weltlichen Tempels, sprach Ludwig I. seine Hoffnungen aus: „Möchte Walhalla förderlich seyn der Erstarkung und der Vermehrung teutschen Sinnes! Möchten alle Teutschen, welchen Stammes sie auch seyen, immer fühlen, daß sie gemeinsames Vaterland haben. Und jeder trage bei, soviel er vermag, zu dessen Verherrlichung!" Fast 200 Büsten und Gedenktafeln bedeutender Persönlichkeiten „teutscher Zunge" finden sich im Innenraum – noch immer darf jeder Vorschläge einreichen, wem eine Büste zu errichten sei. Martin Luther, Richard Wagner, Albert Einstein, deutsche Größen aller Genres sind hier versammelt. William Turner hat die Einweihung der Walhalla gemalt und Adolf Hitler hat hier posiert. So viel nationaler Überschwang weckt bei manchem Besucher gemischte Gefühle. Ich halte dann doch den Atem an, beim Blick hinab ins Donautal: Der ist in der Tat grandios und berückend, man sieht den majestätischen Fluss, die wogende Landschaft, die sich bis ins Unendliche dehnt.

Ich gehe die Treppen herunter, Stufe um Stufe, verlasse Valhall und finde mich bald in den irdischen Maßstäben der Donauauen wieder. Am Fluss entlang führt ein etwa zweistündiger Spaziergang nach Bach, einem Örtchen, das dem Walhalla-Gigantismus mit ganz anderen Maßstäben begegnet: Es ist eins der kleinsten Weinbaugebiete Deutschlands. Auf nur vier Hektar wird der Baierwein erzeugt, der hier nachweislich seit dem 7. Jahrhundert angebaut wird und nur im heutigen Altbayern wächst. Ich setze mich in eine Weinstube – die älteste am Ort – und trinke vom örtlichen Landwein, von dem so wenig hergestellt wird, dass er gar nicht erst auf der Karte steht. Rund, leicht säuerlich, süffig und grundehrlich läuft mir der Wein die Kehle herab. Und zufrieden denke ich an das mythische Valhall, in dem zwar Walküren den Met servieren, aber nur, wenn man heldenhaft in der Schlacht verschieden war. Und freue mich: an der Kellnerin, die ein weiteres Glas bringt, am Griebenschmalzbrot – und an der heiteren Diesseitigkeit. ■ *Verena Lugert*

MERIAN | INFO

Walhalla Apr.-Sept. 9-17.45 Uhr, Okt.- März variierende Zeiten, 4 €. **Anfahrt:** Ab Regensburg per Schiff vom Anleger Steinerne Brücke Mai-Okt. tgl. 10.30 u. 14 Uhr, hin und zurück 10,50 €
Weinstube Heitzer Obere Bachgasse 9, Bach, Tel. 09403 954832, tgl. außer Di ab 12 Uhr
▶ MERIAN Karte S. 131

ombastisches Bildungs-
ogramm mit 193 musealen
ößen: An den Wänden
e Galerie der Büsten, im
bergeschoss auf Marmor-
feln die goldenen Namen
er Helden, von denen
ein Bildnis überliefert ist

KALLMÜNZ
Malerwinkel in bester Lage

Zwischen Naab und Vils, gekrönt von einer Burgruine, setzt sich Kallmünz in Positur: eine bunte, mittelalterliche Dorfschönheit, die sich im Wasser spiegelt

KALLMÜNZ

Der Ort ist wie gemacht für eine Künstlerromanze. Wassily Kandinsky und Gabriele Münter feierten hier 1903 ihre „Kallmünzer Verlobung". Der Zweiklang aus Fels und Fluss und das sehr eigene, italienisch anmutende Flair zieht Träumer und Künstler magisch an. Mich auch. Schon die Fahrt dorthin ist ein Genuss und dauert von Regensburg aus kaum eine halbe Stunde. Ich überquere die Donau, folge ihr ein paar Kilometer flussaufwärts und komme bei Mariaort mit seiner fast 800 Jahre alten Wallfahrtskirche ins Naabtal. Ab Etterzhausen und seinem verwunschenen Schloss geht es immer am Fluss entlang durchs Tal. Schroff aufragende Felsen geben der Naab etwas Dramatisches, schwungvolle Mäander mit turmhohen Klippen im satten Grün der Uferhänge, dazu eine romanische Wehrkirche in Penk und in Pielenhofen die elegante Barockfassade des ehemaligen Zisterzienserinnenklosters. Noch ein letztes Mal an Altwässern und Wegkapellen am Fluss entlang, dann thront die mächtige Ruine der Kallmünzer Burg über dem Tal.

Ich parke neben der Brücke über die Vils. Das Flüsschen bringt eilig die letzten Meter bis zur Mündung in die Naab hinter sich, hinter ihm die lauschigen Gärten der Häuserzeile und das wuchtige Felsenpanorama, an das sich die Vilsgasse in sanften Schwüngen schmiegt. Das Wirtshaus „Zur Roten Amsel" kommt in Sicht, einst Quartier des berühmten Künstlerpaares. Kandinsky hatte hier eine Malschule veranstaltet und Münter schloss sich ihm an. Ein Sommer, in dem sich die beiden sehr heimlich und daher spannend – Kandinsky war noch verheiratet – die Ehe versprachen, zu der es niemals kam.

Mein Spaziergang zeigt mir stilvoll und ohne Zuckerglasur renovierte Häuser, ein stimmiges Nebeneinander von Neu und Alt, die Felsen überragen den Ort und beleben ihn, sei es im „Haus ohne Dach", das in eine Steilwand gebaut ist, sei es in der „Galerie am Fels", wo das innige Tête-à-tête von Hauswand und Fels zum innenarchitektonischen Unikum wird. Hoch über den Felsen, etwa eine Stunde zu Fuß,

thront die Burgruine, wer jedoch den Weg scheut, findet unten das „Raitenbucher Schloss", das genauso alt ist wie die Burg, aber in unzerstörter Wucht dasteht. Die Raitenbucher haben es gebaut, ein altes Oberpfälzer Geschlecht, dessen Wappen, wie sie behaupten, Grundlage des heutigen Wappens Benedikts XVI. ist. Hat man Glück, ist der Biergarten der „Schlossschänke Palmié" direkt am Jurafels geöffnet.

Weiter gehe ich zum Alten Rathaus mit dem markanten Glockenturm und dem Oskar-Koller-Museum im ersten Stock, um das hart gerungen wurde: ein Kampf, der sich lohnte, das Museum ist ein Schmuckstück. Der Maler Koller hat hier zwar nie gearbeitet, aber seine Mutter stammte aus Kallmünz. Ich schlendere auf die alte Naabbrücke und verweile bei der Steinfigur des heiligen Nepomuk – während unten der Fluss übers breite Steinwehr rauscht und der Blick hinaus in die unverbaute Landschaft geht.

Zeit zur Pause, ich kehre ein. Urig ist's in der winzigen Wirtsstube des „Bürstenbinder" bei einer Portion „Bauchstecherla", so heißen die Fingernudeln aus Mehlteig auf Oberpfälzisch, dazu wird „Zoigl"-Bier getrunken. Das Zeichen der Hausbrauerei ist überraschend, es sieht aus wie ein Davidsstern, ist aber keiner, sondern ein aus dem Mittelalter überkommenes Handwerkszeichen, das sich hier erhalten hat: der „Zeigl"-Stern, der den Weg zur Wirtschaft zeigt, in der Zoigl-Bier ausgeschenkt wird.

Auch am „Goldenen Löwen" sehe ich ihn, das Gasthaus liegt nur ein paar hundert Meter die Naab hinab. Egal ob Speisekarte, Gaststube, Festsaal, Innenhof oder der Garten – das Haus der Familie Luber ist ein Gesamtkunstwerk. Regelmäßig finden hier Lesungen und Vernissagen statt, und wer erkunden will, wie bodenständig-delikat die feine Oberpfälzer Küche – etwa „Drahdewixpfeifferla" oder „Goasbratl" – schmecken kann, ist hier richtig. Wer's elsässisch inspiriert bevorzugt, gehe in die Vilsgasse und probiere in den Münter-Stuben Jutta Kolbs vielgerühmte Speisen oder nehme eine Apfeltarte zum Kaffee. Ihr Garten zieht sich in Terrassen bis hoch in den Fels. Dort, ganz oben, suche mir einen Platz und bleibe sitzen, bis das Abendlicht die Dächer vergoldet. ■ *Gerd Burger*

MERIAN INFO

Galerie am Fels
Vilsgasse 28
Tel. 09473 1331

Münter-Stuben
Vilsgasse 36
Tel. 09473 1480

Schlossschänke Palmié
Vilsgasse 10
Tel. 09473 380

Zum Bürstenbinder
Am Graben 5
Tel. 09473 8552

Zum Goldenen Löwen
Alte Regensburger Str. 18
Tel. 09473 380

Zur Roten Amsel
Vilsgasse 46
Tel. 09473 293

▶ MERIAN Karte S. 131

Ein bisschen Romantik, eine Portion Kunst und dazu viel Gemütlichkeit. Das ist das Erfolgsrezept von Kallmünz: **1** und **2** Eingang und Ausstellungsraum der Galerie in den „Münter-Stuben" **3** Bier und Brotzeit im „Goldenen Löwen" **4** Rauer Kalkstein als Zimmerwand: Die „Galerie am Fels" ist direkt an den Burgfels gebaut

Wie ein Schmuckstück schlingt sich die Donauschleife um das Kloster Weltenburg. Die im siebten Jahrhundert gegründete Benediktinerabtei ist das älteste Kloster Bayerns

KLOSTER WELTENBURG
Naturpanorama mit himmlischem Bier

1

2

3

4

KLOSTER WELTENBURG

Die kühle Donau unter uns, ihr sattgrünes Schwappen, über uns ein weißblauer Himmel. Rechts thront behäbig die Befreiungshalle auf dem Kelheimer Michelsberg. Das Ausflugsschiff stampft stromaufwärts, den Donaudurchbruch entlang – jenen Flussabschnitt, an dem sich die Donau in Tausenden Jahren durch die Kalksteinfelsen gewälzt hat. Eng ist ihr Lauf hier, die Ufer sind von dichtem, grünen Wald bestanden, Weiden durchkämmen das Wasser, aus dem ein moosiger, süßweicher Duft steigt, Birken recken ihre Äste wie Zauberfinger in die Luft. Karstige Felswände ragen hundert Meter hoch, sie schaffen einen monumentalen Rahmen. Die Donau ist tief hier, zwanzig Meter sind es bis zum Grund, sie ist tückisch und verwirrend und schnell, von Strudeln durchsetzt, die ihre Opfer hinab in diese Tiefen ziehen. Ängstlich näherte man sich dem Fluss hier, erst die Kelten, dann die Römer, die eine lederne Hängebrücke über die gurgelnden Fluten spannten. Im Mittelalter zog man die Salzkähne an dicken Seilen Meter um Meter vorwärts, erst auf den Treidelpfaden von Pferden gegen die Strömung, dann an eiserne Ringe geknüpft, die in der „Langen Wand" in den Felskarst eingelassen waren. „Feindliche Brüder" heißen die bizarren Felsformationen oder „Räuberfels".

Ein entwurzelter Baumstamm ragt ins Wasser, eine Wildente sitzt darauf, ihr Quaken bricht sich als Echo in der Schlucht. Schattige Kiesbänke säumen das Ufer, dann wieder Grasstücke, von der Sonne betupft. Ein tiefer, dunkler Zauber liegt über dem rund fünf Kilometer langen Durchbruch zwischen Kelheim und dem Kloster Weltenburg.

Einen letzten, machtvollen Schlenker vollführt die Donau, dann steht es vor uns, gewaltig und licht, wie ein Bannspruch: Kloster Weltenburg. Vor fast anderthalb Jahrtausenden wurde es hier gegründet, in einer Donauschlinge, die dieses Kloster wie ein Schmuckband umfließt. Es ist ein besonderer Ort, an dem die Benediktinerabtei errichtet wurde – einer, dem mancher geheimnisvolle Kräfte zutraut. Unter der Frauenbergkapelle beim Kloster soll man einen keltischen Kultplatz gefunden haben, auf dem wiederum ein römischer Minervatempel errichtet war. Darauf sitzt nun die Kapelle.

„Ecclesia triumphans!" – Die triumphierende Kirche! So heißt es im Deckenfresko der Klosterkirche, ein Barock-Rausch, ein Geflirre von Farben, ein Überborden von Form und Gebärde. Da hängen plastische Wolken wie steinerne Daunenkissen vom Kirchenhimmel, ein heiliger Georg ersticht am Altar mit Verve einen züngelnden, lebensecht wirkenden Drachen. Daneben reißt eine Frau im Festgewand die Arme in stummem Entsetzen nach oben. Eine Deckenmalerei zeigt ein Netz, in dem Gott hunderte anatomisch korrekt gemalte Herzen entgegengebracht werden. Und aus dem Dunkel des Kirchenraums wird der Blick hinauf gelenkt in das himmlische Jerusalem, je höher, desto heller – als wollten die Brüder Cosmas Damian und Egid Quirin Asam, die bis 1735 die Kirche gestalteten, auch die Seelen der Gläubigen emporheben, hinauf, hoch in die Transzendenz.

Über knirschenden Kies geht es dann in die Klosterbrauerei von Weltenburg. Im Jahr 1050 urkundlich erwähnt, gilt sie als die älteste der Welt. Aus Hopfen und Malz brodelt ein Sud hier, der Kennern ein vorfreudiges Schlucken in die Kehlen treibt. Bier hat in den Klöstern Tradition – war es doch, weil flüssig, während der Fastenzeiten als Stärkung erlaubt. Die stählernen Kessel und Röhren sind heute elektronisch gesteuert, die Rezeptur wird akribisch befolgt.

Fröstelnd steigt man die Stufen aus dem Felsenkeller wieder nach oben, wo im Biergarten die Sonne ihre Strahlen durch das Kastanienlaub auf die Tische wirft. Ein Weltenburger Bier bestellen, das im ausladenden Krug dunkelschäumend serviert wird, dazu Schweinsbratwürste mit Brezel, Senf und Kraut. Eine Blasmusik spielt, durch die Pforte schimmert das Grün der Donau herein. Es scheint, als hätte sich der Himmel heute einmal hinab auf die Erde begeben. ■ *Verena Lugert*

---

1 Als der Barock bayerisch wurde: Das Deckenfresko (1721) von Cosmas Damian Asam in der Klosterkirche blickt in das neue Jerusalem
2 Der ganze Tag ein Kinderspiel: Steine flitschen am Donauufer
3 Zur ältesten Klosterbrauerei der Welt gehört ein stets gut besetzter Biergarten
4 Im Schiff durch die Schlucht: Der Weg nach Weltenburg führt durch den Donaudurchbruch

---

MERIAN | INFO

Kloster Weltenburg
In den Sommermonaten mit dem Schiff ab Kelheim etwa alle halbe Stunde in 40 Min. nach Weltenburg, in 20 Min. zurück, 4,60 € pro Fahrt **www.schifffahrt-kelheim.de** Brauereiführungen April-Okt. Sa/So 11, 12.30, 14, 15.30, Fr nur 14 und 15.30 Uhr, 9,80 € (inkl. Bierprobe und Bierglas) www.stadtmaus.de www.klosterschenke-weltenburg.de
▶ MERIAN Karte S. 131

DIE INSPIRATION DES REISENS.
JEDEN MONAT NEU.

Wählen Sie jetzt Ihr Gratis-Extra und sichern sich Lesegenuss auf höchstem Niveau

6 Flaschen Little James – Basket pressed plus Kellnermesser

Als „vin de liberté" bezeichnet das Château Saint Cosme diesen köstlichen Tropfen, der aus durchschnittlich 60 Jahre alten Grenachereben gewonnen und ungefiltert abgefüllt wird. Er präsentiert sich mit intensiver kirschroter Farbe, Kraft und Würze. Dieser kräftige Rotwein ist anspruchsvoll, meist mit einigen Monaten Fassausbau, und er ist der perfekte Essbegleiter.

Aktions-Nr.: 281 90

Exklusives Reise-Schuh-putz-Set von EdMeier

Die Zusammenarbeit mit zahlreichen Werkstätten der verschiedensten Handwerke sowie Ko?operationen mit internationalen Designern und Labels machen bei Eduard Meier Alter zu Patina und Stil zu Klasse. Schuhputzset aus kernigem Rindleder; gefüllt mit zwei Gläsern Emulsionscreme, zwei Bürsten und einem Baumwollpoliertuch.

Aktions-Nr.: 281 91

Bestellen Sie unter www.merian.de/lesevergnuegen

JETZT MERIAN BESTELLEN UND VORTEILE SICHERN!

Ihre garantierten Vorteile:

✓ Wunschgeschenk für Sie

✓ ein Jahr MERIAN 15% günstiger – statt 96,– Euro am Kiosk nur 81,50 Euro

✓ Lieferung 12 x im Jahr frei Haus – keine Ausgabe verpassen

Geben Sie bei Ihrer Bestellung bitte die jeweilige **Aktions-Nr.** des Gratis-Extras Ihrer Wahl an. Einfach online bestellen können Sie unter www.merian.de

Zwei Reisepasshüllen von PICARD

Zweifach gefaltet, bietet diese schwarze Reisepasshülle einen sicheren Platz für Ihre Ausweis?papiere. Das hochwertige Leder sorgt für lange Nutzungsdauer. Rindsleder, Maße: 10 x 14,5 x 0,5 cm

Aktions-Nr.: 281 89

FREUEN SIE SICH AUF...

OKTOBER 2009   NOVEMBER 2009   DEZEMBER 2009

JANUAR 2010   FEBRUAR 2010   MÄRZ 2010

Ihre Bibliothek des Reisens

Bestellen Sie MERIAN jetzt und Sie erhalten mit den kommenden 12 Ausgaben die Welt von MERIAN frei Haus. Monat für Monat vervollständigt jedes Heft Ihre Bibliothek der Länder, Regionen und Städte.

GLEICH MITBESTELLEN!

Ausführung **„Lederoptik"** mit Goldprägung für 24,90 Euro

Ihr persönliches MERIAN-Archiv! Archivieren Sie Ihre MERIAN-Sammlung stilvoll und sicher in den exklusiven MERIAN-Sammelschubern. Jeder Schuber bietet Platz für 12 MERIAN-Ausgaben.

Ausführung **„Acryl"** modern und zeitlos für 19,90 Euro

Ausführung **„Leinen"** mit historischem Stadtmotiv für 12,90 Euro

AUTOREN- UND FOTOGRAFEN

NATALIE KRIWY
Porträtfotografin, war sehr gerührt vom Gesang der kleinen Domspatzen in der riesigen Kirche. Und beeindruckt vom Spaß, den die Jungen dabei selbst am Wochenende hatten.

OLIVER FISCHER
war bei Georg Ratzinger zu Besuch in der Luzengasse. Auch dessen Bruder, Papst Benedikt XVI., war hier früher oft Gast: Eine Gedenktafel an der Mauer erinnert an ihn.

GERHARD WALDHERR
ließ sich vom Kosmos Orphée verschlucken. 24 Stunden saß er im Gastraum – trank, redete, aß und langweilte sich keine Sekunde. „Es ist die beste Bühne der Stadt".

TOBIAS GERBER
liebt an Regensburg den selbstverständlichen Umgang mit der alten Bausubstanz. Besonders jene früheren Hauskapellen, in denen heute Restaurants, Cafés, Shops sind.

JULIA BRAUNE, JONAS MORGENTHALER, PETER MÜNCH recherchierten und schrieben MERIAN Kompass.

BILDNACHWEIS

Anordnung im Layout: l = links, r = rechts, o = oben, u = unten, m = Mitte.
TITEL: Tobias Gerber; S. 3 Michael Müller; S. 4/5, 5 lm T. Gerber; m Natalie Kriwy; S. 4 u, 5 rm Arthur F. Selbach; S. 5 u Thomas Schweigert; S. 6 lo Michael Vogl, ro Museen der Stadt Regensburg-Historisches Museum, ru Tate/London 2009; S. 8 ro M. Vogl/ Domkapitel Regensburg (2); ru N. Kriwy. S. 10/11, 12 A.F. Selbach; S. 13-21, 22, 24 T. Gerber; S. 23 dpa/ picture-alliance; **GLORIA VON THURN UND TAXIS** S. 29-39 Th. Schweigert; S. 41 o Historisches Museum/ www.altrofoto.de, u www.altrofoto.de; **ZWEITAUSEND JAHRE** S. 42/43, 44, 47, 49, 51 T. Gerber; S. 45, 46, 48, 52 A.F. Selbach; S. 54/55, 56 ro A.F. Selbach; S. 54 historic-maps/akg-images; S. 56 l Ingmar Süß, ru Ingrid Koltermann; **OH, ORPHEE!** S. 58-65 N. Kriwy; **POESIE AUS STEIN** S. 66-73 lu A.F. Selbach; S. 73 ru T. Gerber; S. 74 Günther Binding/ Was ist Gotik?/Primus Verlag; S. 75 l Selbach, r Manfred Schuller; S. 78 Classic Foto Regensburg; S. 79 N. Kriwy; **DOMSPATZEN** S. 80-87 N. Kriwy; S. 88 N. Kriwy; S. 90-91 dpa/picture-alliance (4); **SO WEIT, SO NAH, SO SCHÖN** S. 92-102 A.F. Selbach; S. 107 T. Gerber; S. 108, 111 r, 114 A.F. Selbach; S. 109, 110, 111 l, 113, 115 T. Gerber; S. 116 Museen der Stadt Regensburg-Historisches Museum; S. 117 T. Gerber; S. 118 o N. Kriwy; S. 122 T. Gerber; S. 123 Th. Schweigert; S. 124 A.F. Selbach; S. 126-128 T. Gerber; S. 134 Jost Schilgen/akg-images; S. 135/136 T. Gerber; S. 138 lo Johannes Schweikle, lu Ludger Vorfeld/istockphoto, r Philip Koschel

106 MERIAN www.merian.de

IMPRESSUM

Heft 9/2009, September, Erstverkaufstag dieser Ausgabe ist der 27. 8. 2009
MERIAN erscheint monatlich im Jahreszeiten Verlag GmbH, Poßmoorweg 2, 22301 Hamburg
Tel. 040 2717-0 **ANSCHRIFT DER REDAKTION** Postfach 601728, 22217 Hamburg
Tel. 040 2717-2600, Fax 040 2717-2628, E-Mail: redaktion@merian.de
LESER- UND ABOSERVICE Postfach 601220, 22212 Hamburg
Tel. 040 87973540, Fax 040 2717-2079 **SYNDICATION** www.jalag-syndication.de
GOURMETPICTUREGUIDE Stefanie Lüken, Tel. 040 2717-2002
Fax 040 2717-2089, www.gourmetpictureguide.de **INTERNET** www.merian.de

HERAUSGEBER Manfred Bissinger
CHEFREDAKTEUR Andreas Hallaschka
STELLVERTRETENDER CHEFREDAKTEUR Hansjörg Falz
ART DIRECTORIN Sabine Lehmann **CHEF VOM DIENST** Tibor M. Ridegh
TEXTCHEFIN Kathrin Sander **REDAKTEURE** Charlotte von Saurma; Roland Benn, Thorsten Kolle, Jonas Morgenthaler (freie Mitarbeit) **SCHLUSSREDAKTION** Tibor M. Ridegh
LAYOUT Dorothee Schweizer (stellv. Art Directorin), Helga Damm (freie Mitarbeit), Ingrid Koltermann (Schlussgrafik) **BILDREDAKTION** Katharina Oesten, Eva M. Ohms
REDAKTEURIN DIESES HEFTES Charlotte von Saurma
BILDREDAKTEURIN DIESES HEFTES Katharina Oesten **KARTOGRAPHIE** Peter Münch
DOKUMENTATION Jasmin Wolf; freie Mitarbeit: Stefanie Plarre, Sebastian Schulin
MITARBEIT Helmut Golinger, Julia Braune, Katharina Finke **HERSTELLUNG** Karin Harder
REDAKTIONSASSISTENZ Sabine Birnbach, Katrin Eggers
GESCHÄFTSFÜHRUNG Joachim Herbst, Dr. Jan Pierre Klage, Peter Rensmann, Hermann Schmidt
VERLAGSLEITUNG PREMIUM MAGAZINE Oliver Voß
GROUP HEAD ANZEIGEN PREMIUM MAGAZINE Roberto Sprengel
ANZEIGENLEITUNG Sabine Rethmeier **ANZEIGENSTRUKTUR** Patricia Hoffnauer
MARKETING Kenny Machaczek, Justus Hertle, Sonja Wünkhaus
VERTRIEB PSG Premium Sales Germany GmbH, Poßmoorweg 2-6, 22301 Hamburg
VERTRIEBSLEITUNG Jörg-Michael Westerkamp (Zeitschriftenhandel), Joachim Rau (Buchhandel)
VERANTWORTLICH FÜR DEN REDAKTIONELLEN INHALT Andreas Hallaschka
VERANTWORTLICH FÜR ANZEIGEN Roberto Sprengel

VERLAGSBÜROS INLAND
Hamburg: Tel. 040 2717-2595, Fax 040 2717-2520, E-Mail: vb-hamburg@jalag.de
Hannover/Berlin: Tel. 0511 856142-0, Fax 0511 856142-19, E-Mail: vb-hannover@jalag.de
Düsseldorf: Tel. 0211 90190-0, Fax 0211 90190-19, E-Mail: vb-duesseldorf@jalag.de
Frankfurt: Tel. 069 970611-0, Fax 069 970611-44, E-Mail: vb-frankfurt@jalag.de
Stuttgart: Tel. 0711 96666-520, Fax 0711 96666-22, E-Mail: vb-stuttgart@jalag.de
München: Tel. 089 997389-30, Fax 089 997389-44, E-Mail: vb-muenchen@jalag.de

REPRÄSENTANZEN AUSLAND
BELGIEN/FRANKREICH Adnative sarl, Tel. +33 1 53648890/91, Fax +33 1 45002581
E-mail: paris@adnative.net <mailto:imc@international.fr> **GROSSBRITANNIEN** Publicitas Ltd, Tel. +44 20 75928300, Fax 7592 8301, E-Mail: jeremy.butchers@publicitas.com
ÖSTERREICH Publimedia Internationale Verlagsvertretungen GmbH, Tel. +43 1 2115342, Fax 212 1602, E-Mail: andrea.kuefstein@publicitas.com **SCHWEIZ** Publicitas International AG, Tel. +41/61/275 46-09, Fax 2754730, E-Mail: basel-international-magazines@publicitas.com
ITALIEN Media & Service International Srl, Tel. +3902/48 00 6193, Fax +3902 48193274, E-Mail: info@it-mediaservice.com **SPANIEN** Alcalá Media International Media Representations, Tel. +34/91/3269106, Fax +34/91/3269107,
E-Mail: m.vandereb@alcalamedia.com **DÄNEMARK** über Verlagsbüro Hamburg
NIEDERLANDE über Verlagsbüro Düsseldorf **LUXBURG** über Verlagsbüro Frankfurt

DIE PREMIUM MAGAZIN GRUPPE IM JAHRESZEITEN VERLAG

Gültige Anzeigenpreisliste: Nr. 40 a
Das vorliegende Heft September 2009 ist die 9. Nummer des 62. Jahrgangs. Diese Zeitschrift und die einzelnen Beiträge und Abbildungen sind urheberrechtlich geschützt. Jede Verwertung außerhalb der engen Grenzen des Urheberrechtsgesetzes bedarf der Zustimmung des Verlages. Keine Haftung für unverlangt eingesandte Manuskripte und Fotos. Preis im Abonnement im Inland monatlich 6,79 inklusive Zustellung frei Haus.
Der Bezugspreis enthält 7% Mehrwertsteuer.
Auslandspreise auf Nachfrage. Postgirokonto Hamburg 132 58 42 01 (BLZ 200 100 20)
Commerzbank AG, Hamburg, Konto-Nr. 611657800 (BLZ 200 400 00)
Führen in Lesemappen nur mit Genehmigung des Verlages. Printed in Germany

WEITERE TITEL IM JAHRESZEITEN VERLAG
Für Sie, petra, vital, PRINZ, Architektur & Wohnen, COUNTRY, DER FEINSCHMECKER, WEINGourmet, schöner reisen, Zuhause Wohnen, selber machen
LITHO Alphabeta Druckformdienst GmbH, Hamburg.
DRUCK UND VERARBEITUNG heckel GmbH, Nürnberg,
ISBN: 978-3-8342-0909-2, ISSN 0026-0029 MERIAN (USPS No. 011-458) is published monthly.
The subscription price for the USA is $ 110 per annum.
K.O.P.: German Language Publications, Inc., 153 South Dean Street, Englewood NJ 07631.
Periodicals postage is paid at Englewood NJ 07631, and at additional mailing offices.
Postmaster: send address changes to:
MERIAN, German Language Publications, Inc. 153 South Dean Street, Englewood NJ 07631.

MERIAN kompass

Redaktionsschluss: Juli 2009

AUSGEWÄHLTE TIPPS UND ADRESSEN

WAS TUN IN REGENSBURG?
Über die **Steinerne Brücke** spazieren 115
In der alten **Wurstkuchl** Bratwürste verzehren 127
Dem Chor der **Domspatzen** lauschen 66
Vom Dachgarten des **David** den Blick genießen 128
In der **Brauerei Kneitinger** Pils trinken 129
Eine Stadtführung mit der **Stadtmaus** buchen 136
Im **Orphée** abends einen Tisch bestellen 58
Die Stadt für einen Trip zur **Walhalla** verlassen 92

Romantische Kulisse für ein Abendessen zu zweit: die Altstadtgasse Hinter der Grieb

SEHENSWERTES VON A BIS Z

MERIAN | DAS BESTE ZUERST

Über allen Dingen

Wer den Turm der Dreieinigkeitskirche bestiegen hat, will so schnell nicht wieder runter – die grandiose Rundsicht sorgt für Hochgefühle

Die Einladung zu einem der schönsten Orte in Regensburg steht an der Gesandtenstraße – und wird kaum beachtet. „Der Turm ist offen", heißt es da, wenn man Glück hat, noch mit dem Zusatz: „Heute Abendöffnung". Die wenigen, die ihr folgen, gelangen in die Dreieinigkeitskirche, bezahlen zwei Euro Eintritt, um in das kleine Museum auf der Empore zu kommen, und betreten dann den Nordturm der Kirche. Eine streckenweise beängstigend enge Holztreppe führt mit 153 Stufen bis kurz unter die Spitze des Gebäudes zu einer Galerie. Dort, in 34 Metern Höhe, eröffnet sich dem Besucher ein unvergleichliches Panorama – ein Meer aus Türmen und Dächern, aus dem wie ein stolzer Zweimaster der Dom ragt. Schaut man von hier abends nach Westen, sieht man die Sonne langsam hinter grünen Hügeln versinken, dreht man sich leicht gen Norden, fällt der Blick auf die Türme der Stadt, golden leuchtend im letzten Licht des Tages. Die Galerie ist im Sommer täglich ab Mittag bis 18 Uhr zugänglich, an schönen Tagen dehnt sich die Öffnung bis in die späten Abendstunden aus.

Dreieinigkeitskirche (H 5) Am Ölberg 1
Tel. 0941 22444, www.dreieinigkeitskirche.de

Gute Aussichten! Der Blick reicht bis zum Bayerischen Wald. Davor schieben sich nur der Goldene Turm und die Doppelspitze des Doms

Alter Kornmarkt

(K 4/5) Im Mittelalter hieß der Platz **Herzogshof**. Kurz vor der ersten Jahrtausendwende bezogen die bayerischen Herzöge die im 9. Jh. begründete Pfalz, im 13. Jh. bauten sie auf deren Mauern einen Hof – davon erhalten ist nur der Ostteil. Ein Schwibbogen verbindet ihn mit dem **Römerturm**. Auch der stammt aus dem 13. Jh. und diente vermutlich als Schatzkammer. Er ist der einzige erhaltene mittelalterliche Turm der Stadt, der beheizt werden konnte. Die **Alte Kapelle** diente als Kirche der karolingischen Pfalz, 1002-04 wurde der Vorgängerbau ersetzt. Seither haben viele Stile ihre Spuren hinterlassen: Romanik (Südportal, wohl um 1200), Spätgotik (Hauptchor, 1441-52), Barock (Gnadenkapelle, Ende 17. Jh.) und vor allem Rokoko: Von 1747 an wurde die Kirche mit überbordendem Schmuck ausstaffiert, der Hochaltar (1769-75) stammt von Simon Sorg. Die neue Orgel ist benannt nach Benedikt XVI. Am 13. September 2006 wurde sie vom Papst persönlich geweiht. Den Südosten des Platzes beherrscht die Barockfassade der **Klosterkirche Sankt Joseph**. Unter Kaiser Ferdinand III. wurde sie ab 1660 für den Orden der Unbeschuhten Karmeliten errichtet – was in der protestantischen Reichsstadt nicht auf Begeisterung stieß. Mit ihrem ab 1721 destillierten Karmelitengeist machten sich die Mönche dann doch beliebt. Bis heute verkaufen sie das hochprozentige Hausmittel (s. S. 127).

Altes Rathaus

(J 4) Nach der Erhebung zur Freien Stadt im Jahr 1245 baute man ein bestehendes Anwesen zum ersten Rathaus aus. Um 1330 entstand der gotische Bau mit dem späte-

SEHENSWERTES VON A BIS Z

Bismarckplatz: erfrischender Klassizismus statt Mittelalter

Altes Rathaus: Hier wurde erst getanzt, später jahrelang getagt

ren Reichssaal, ursprünglich ein Tanz- und Festsaal. Der Raum misst 22,5 × 15 Meter und besitzt eine frei gespannte Decke aus Föhrenholzbalken (1446), die Wandmalereien sind von 1564. Der Zugang vom Rathausplatz führt durch ein Portal, über dem „Schutz und Trutz" genannte Wächterfiguren seit 600 Jahren die Wehrhaftigkeit der Stadt symbolisieren. Ab 1663 wurde der Tanzsaal Tagungsort des Immerwährenden Reichstags (s. S. 134), die Stadtverwaltung zog in den benachbarten Neubau (1660-1723) um. Das Alte Rathaus ist im Rahmen von Führungen zu besichtigen.

Arnulfsplatz

(H 4) Hier und am Weißgerbergraben verlief die (neue) Stadtgrenze von 920. Bekannteste Adresse ist Nummer 3: das **Mutterhaus der Brauerei Kneitinger**. Im Nachbarhaus residierten diverse Delegationen des Immerwährenden Reichstags. Arnulfsplatz 4b ist die Anschrift des an der Kreuzgasse gelegenen **Velodroms**. 1897/98 als Radsporthalle gebaut, später als Kino genutzt, stand die Stahlkonstruktion in den 1990er Jahren kurz vor dem Abriss. Was heute als vorbildlich saniertes Kulturzentrum überlebt hat, war der Bau des jüdischen Entrepreneurs, Kunstradfahrers, Kinobesitzers und Autohändlers Simon Oberdorfer, der in Sobibor ermordet worden ist. Eine Gedenktafel erinnert an den lange vergessenen Regensburger.

Auerhaus

(H 4) Am Römling Nr. 12 steht der Rest eines bedeutenden Patrizierhofes – im 13./14. Jh. im Besitz der Familie Auer. Dass die Auers zum Reichstag 1295 König Adolf von Nassau beherbergten, lässt ihren Einfluss erahnen. Den Regensburgern wurden sie zu mächtig; 1334 jagten sie die Auers aus der Stadt. 1885 wurde ein Großteil des Komplexes abgerissen, erhalten blieb u. a. die im Wortsinn herausragende **Thomaskapelle**.

Baumburger Turm

(J 4) siehe Seite 56

Bismarckplatz

(H 4/5) Der Platz ist der einzige der Altstadt, der nicht vom Mittelalter geprägt ist. 1804 entstand hier das klassizistische **Stadttheater**: Die Pläne stammen vom portugiesischen Baumeister Emanuel d'Herigoyen. Im Jahr darauf folgte am Südende des Platzes der Bau des **Präsidialpalais**, ebenfalls nach Entwürfen von d'Herigoyen. Ursprünglich residierte ein französischer Gesandter am Immerwährenden Reichstag hinter dem Säulenportikus. Seinen Namen verdankt das Palais der späteren Nutzung als Sitz des Regierungspräsidenten (ab 1810).

Brixener Hof

(K 5) Wo heute Kaffee geröstet, Wein und Käse verkauft werden, bezogen die Bischöfe von Brixen bei ihren Besuchen Quartier. Das Anwesen aus dem 11./12. Jh. ist die letzte erhaltene von einst sieben Vertretungen auswärtiger Bistümer. Wenige Meter weiter nördlich steht mit dem **Jüdischen Gemeindehaus** (1911/12) ein Rest der 1938 zerstörten Synagogenanlage.

Dom Sankt Peter

(K 4) Bayerns bedeutenstes gotisches Bauwerk entstand zwischen 1273 und in der Zeit um 1520. Zur Landmarke wurde es endgültig 1869 nach Fertigstellung der Westtürme. Es ersetzte einen weiter östlich gelegenen karolingischen Dom (Baugeschichte s. S. 74). In der Mitte der Westfassade erscheint Kirchen- und Stadtpatron Petrus mit seinen Attributen, den Schlüsseln, die sich auch im Regensbur-

www.merian.de MERIAN 109

SEHENSWERTES VON A BIS Z

Mächtig wie eine Festung: Goliathhaus mit Fassadengemälde

ger Stadtwappen wiederfinden. Einzigartig am Dom sind die bunten Glasfenster: Mehr als 1000 Scheiben aus dem 14. Jh. sind erhalten. Ab 1827 wurden auch die Fenster der Westfassade mit Glasmalereien versehen. Dies geschah auf Geheiß des Bayernkönigs Ludwig I., der dem Dom eine „Purifizierung" verordnete – im Sinne der romantischen Vorstellung sollte die Architektur wieder stilrein werden, barocke Elemente wurden entfernt. Zu den Ausnahmen gehörten Teile des Hochaltars im Hauptchor und das Grabmal von 1611 des 1598 verstorbenen Fürstbischofs Kardinal Philipp Wilhelm. Auch der bekannteste gotische Regensburger erhielt Bleiberecht: Seit rund 700 Jahren lächelt der Engel aus der Verkündigungsgruppe des so genannten Erminoldmeisters, heute in der Vierung – obwohl ihm wohl irgendwann das Jesuskind und die Farbe abhanden kamen.

Domgarten

(K 4) Nach dem Abriss des karolingischen Doms wurde dort, wo der Chor gewesen war, ein Friedhof angelegt. Epitaphien und eine Lichtsäule (1341) erinnern an die bis ins frühe 19. Jh. genutzte Begräbnisstätte. Heute meißeln hier die Steinmetzen der Dombauhütte (s. S. 66). Nördlich davon liegt der Doppelkreuzgang der Ur-Kathedrale. Vor allem sein Ostteil ist sehenswert: Die romanische **Allerheiligenkapelle** geht auf Bischof Hartwig II. zurück, der sein eigenes Mausoleum bestellt hatte. Baumeister aus der Lombardei errichteten ein Oktogon nach dem Vorbild der Baptisterien ihrer Heimat. Fast ein Jahrhundert älter ist die um 1070/80 erbaute **Stephanskapelle**.

Dominikanerkirche

(H 5) Als der Dominikanermönch Albertus Magnus 1237-40 erstmals in Regensburg lehrte (1260-62 war er hier Bischof), begann der Bau der 1384 vollendeten Kirche. Sie fiel ähnlich groß aus wie die der Minoriten, der bettelnden Konkurrenz vom anderen Ende der Stadt, und war den Ordensregeln entsprechend ebenso uprätentiös ausgestattet. Südlich davon schließt sich das ehemalige Kloster mit der **Albertus-Magnus-Kapelle** an. Möglicherweise war der Kirchenlehrer hier tätig – am Katheder aus dem 15. Jh. hat er nie gestanden. Zum Komplex gehört auch die 1902-05 eingerichtete **Sternwarte** (Ägidienplatz 2), von der man an Freitagabenden in andere Sphären blicken kann (www.sternwarte-regensburg.de).

Domplatz

(K 4) Dass sich Historiker bei der Deutung eines Kirchenbaus uneins sind, geschieht selten. Ganz selten in einer geschichtlich so gut erforschten Stadt wie Regensburg. Bei **Sankt Ulrich** stellt sich die Frage: War das um 1250 fertig gestellte Gotteshaus als Pfarrkirche oder als Palastkirche der Herzöge geplant? Die zunächst vorgesehene Zweigeschossigkeit spricht für Letzteres, doch durch den Machtverlust der Wittelsbacher in Regensburg wurde eine Hofkapelle obsolet – und der Bauplan wohl geändert. 1824 profaniert, ist das Paradebeispiel einer frühgotischen Kirche heute Heimstatt des Diözesanmuseums.

MERIAN | IM DETAIL

Der gotische Dom St. Peter entstand ab 1273 – nicht exakt dort, wo sein Vorgänger gestanden hatte, sondern nach Westen versetzt. Der Ostteil des alten Doms blieb so lange stehen, bis der Altarraum des neuen genutzt werden konnte. Erhalten blieb auch der Eselsturm, der beim Bau als Kran diente.

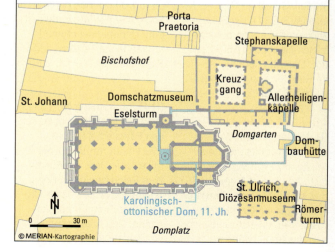

110 MERIAN www.merian.de

SEHENSWERTES VON A BIS Z

Bischofshof: Biergarten mit direktem Zugang zum Dom

Ecke Tändlergasse/Kramgasse: Geburtsort des Don Juan d'Austria

In die 1795-1800 errichtete **Dompropstei** (Domplatz 6) zog 1802 Fürstprimas und Erzkanzler Carl Theodor von Dalberg ein. Nachdem er sein Fürstentum Regensburg an Bayern übergeben hatte, zog er 1810 wieder aus. **Haus Heuport**, Domplatz 7, ist für die Figurengruppe der „Törichten Jungfrau" und des „Fürsten der Welt" bekannt, zu sehen auf dem hofseitigen Treppenaufgang links (um 1330). Wenige Schritte weiter, Ecke Tändlergasse/Kramgasse, wurde 1547 Barbara Blomberg vom unehelichen Sohn des damaligen „Fürsten der Welt", Kaiser Karls V., entbunden. Als „Don Juan d'Austria" wurde ihr Kind 1559 am spanischen Hof eingeführt, wie es der Vater testamentarisch verfügt hatte.

Donauinseln
Die Wöhrde, nach der Fließrichtung der Donau Oberer und Unterer genannt, gehörten, anders als Stadtamhof, zur Freien Stadt. Hier siedelten vor allem Schiffer und Fischer. Die ältesten Häuser der Badstraße stammen aus dem 16. Jh. 1502 hatte der Obere Wöhrd eine Zufahrt zur Steinernen Brücke erhalten. Der Ausblick auf die Stadt ist heute wie damals grandios.

Dreieinigkeitskirche
(H 5) In nur vier Jahren entstand 1627-31 der erste protestantische Kirchenneubau der Stadt. Mit seinen Emporen und der klaren Ausrichtung auf Altar wie Kanzel wurde das Gotteshaus zum Muster für spätere evangelische Kirchen. Von den beiden quadratischen Türmen blieb der Südturm unvollendet, den nördlichen kann man besteigen (s. S. 108). Interessant sind die barocken, auswärtigen Gesandten gewidmeten Epitaphien am Kirchhof.

Fürst-Anselm-Allee
(F 3-M 5) 1779 beantragte Fürst Carl Anselm von Thurn und Taxis beim Magistrat, eine Baumallee um die damaligen Stadtgräben anlegen zu dürfen – zu Nutzen der Einwohner und auf seine Kosten. Etwa 1500 Bäume wurden gepflanzt. Der Grüngürtel machte sich als natürlicher Puffer zwischen Alt- und Neustadt verdient und trug so dazu bei, dass Regensburgs mittelalterlicher Kern erhalten blieb. An der Allee gibt es zahlreiche Denkmäler, darunter einen **Obelisken** (1806) für den Stifter (K 6).

Goliathhaus
(J/K 4) Um 1570/80 malte Melchior Bocksberger den Kampf zwischen David und dem eine Etage größeren Goliath auf die Fassade des Anwesens aus dem 13. Jh. Dabei bezog er geschickt ein Doppelfenster ein, auf das sich der mit einer römischen Rüstung bepanzerte Riese lässig lehnt. Was es mit dem Frosch im Gras auf sich hat, erfahren Sie auf Seite 44.

Haidplatz
(H/J 4) Die weitläufige Freifläche war Schauplatz mittelalterlicher Turniere, auch der sagenumwobene Kampf zwischen Hans Dollinger und dem Riesen Krako soll hier stattgefunden haben. Ihre Nordseite wird beherrscht vom **Goldenen Kreuz**, einer im 13. Jh. erbauten monumentalen Patrizierburg. Das Haus avancierte zur Nobelherberge, in der vom 16. bis ins 19. Jh. gekrönte Häupter logierten, allen voran Kaiser Karl V. Er stieg dreimal hier ab, auch 1541, als sich in der **Neuen Waag** (um 1300) an der Ostseite des Platzes Philipp Melanchthon und Johannes Eck beim Disput über die Reformation uneins blieben. Das **Thon-Dittmer-Palais** wurde Ende des 18. Jh.s auf älteren Fundamenten errichtet. Die klassizistische Fassade (1809) entwarf Stadtbaumeister d'Herigoyen. Der Innenhof dient heute als Kulisse für Theateraufführungen.

SEHENSWERTES VON A BIS Z

Herzogspark
(F 3) Um das 1293 erbaute **Prebrunntor** wurde im frühen 19. Jh. ein Park angelegt. Das Württembergische Palais im Süden des Landschaftsgartens stammt aus den Jahren 1804-06 und ist heute Sitz des **Naturkundemuseums Ostbayern**.

Jahninsel
(K 3) Vorbei am Biergarten der „Alten Linde" bei der Steinernen Brücke gelangen Ruhebedürftige zu einer stillen Insel mitten in der Stadt. Jeder sieht zwar von der Brücke die grüne Jahninsel, überlaufen ist sie deswegen keineswegs. Ein schöner Ort zum Entspannen – zumindest bis zur Dämmerung, wenn der Park zur Partywiese wird.

Keplerstraße
(J 4) An der Ecke zur Gasse Am Schallern steht eines der ältesten Holzhäuser Deutschlands (Keplerstr. 2). Es stammt aus der Mitte des 13. Jhs. 1626-28 lebte hier Johannes Kepler. Schräg gegenüber, im Haus Nr. 5, starb er 1630. Dort erinnert ein Museum an den Astronomen (s. S. 119). Das palastartige **Runtingerhaus** (Nr. 1) war ab 1367 im Besitz der gleichnamigen Patrizierfamilie. Heute ist hier das Stadtarchiv untergebracht (mehr s. S. 48).

Leerer Beutel
(L 5) Der Name des um 1600 errichteten Lagerhauses ist bis heute ungeklärt. „Laerenpaeutel" wurde jedenfalls schon der Vorgängerbau genannt. Auch der hatte als Getreidespeicher gedient – die Reichsstadt musste Vorräte anlegen, um Embargos des bayerischen Auslands zu überstehen. Nach durchgreifender Sanierung zog 1980 die **Städtische Galerie** in das Gebäude ein (mehr s. S. 119).

Minoritenkirche
(L 5) Im Jahr 1221 ließen sich die ersten „Minderbrüder" des Franziskaner-Bettelordens in Regensburg nieder, fünf Jahre später gründeten sie ein Kloster. Dabei übernahmen sie die alte Salvatorkapelle und ersetzten das Kirchlein bis 1286 durch eine Basilika, die im 14. Jh. noch erweitert wurde. So entstand die größte Kirche der Franziskaner in Süddeutschland. Ihr Innenraum ist mit knapp 75 Metern nur zehn Meter kürzer als der des Doms. Nach der Säkularisation wurden Kirche und Kloster ab 1810 unter anderem als Kaserne, Magazin und Garage genutzt, bis die Stadt Regensburg den Komplex 1931 erwarb und das **Historische Museum** darin einrichtete (mehr s. S. 118).

MERIAN | ANNO 179

Mauer der Antike

Zum Grenzschutz der Provinz Raetia bauten die Römer ein Legionslager. **Castra Regina**, das „Lager am Regen", wurde zur Keimzelle der Stadt

Wer in der Regensburger Altstadt wohnt, kann in seinem Keller schon mal auf Steine stoßen, die vor mehr als 1800 Jahren behauen wurden. Sie stammen von der Mauer, die das römische Lager umgab. Nachdem das Kastell aus Holzpalisaden die Markomannenkriege nicht überlebt hatte, zog man nun die Konsequenz: Steinquader wurden zu einer etwa acht Meter hohen und zwei Meter breiten Mauer aufgeschichtet. 179 n. Chr. waren die Arbeiten weitgehend abgeschlossen. Die III. Italische Legion zog ein, westlich davon entwickelte sich eine Zivilsiedlung. Im 3. Jh. wurde Castra Regina von Germanen verwüstet, doch die Mauer hielt stand. Nach Abzug der letzten Soldaten im 5. Jh. übernahm die Zivilbevölkerung endgültig den Standort und schuf sich hier den ersten Herzogshof. Die Steine wurden in die neue Befestigung integriert, ver- und überbaut – Regensburg ist auf ihnen gewachsen.

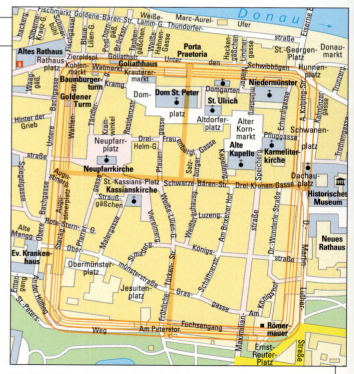

Die Projektion des Römerlagers auf den Stadtplan zeigt: Straßen folgen heute 1830 Jahre alten Mauern und Wällen

SEHENSWERTES VON A BIS Z

Ostentor: alter Ausgang gen Passau

Jahninsel: gut zum Faulenzen und Feiern

Neupfarrplatz: Mahnmal als Spielplatz

Neupfarrplatz

(J/K 5) Nach dem Tod Kaiser Maximilians I. (1519) wurden die Juden der Stadt verwiesen, ihr Viertel niedergerissen. Beim Abbruch der Synagoge soll ein „Wunder" geschehen sein: Ein verunglückter, tot geglaubter Maurer erholte sich. Das veranlasste die Regensburger, an der Stelle die Wallfahrtskirche „Zur schönen Maria" zu errichten. Als durch die Reformation der Pilgerstrom versiegte, stoppte man den Weiterbau. 1542 wurde die Stadt lutherisch und die Kirche ihr erstes evangelisches Gotteshaus. Erst nach 1860 erhielt die Neupfarrkirche ihre heutige Gestalt. Bei Ausgrabungen stieß man 1995 auf Reste des jüdischen Viertels. Sie wurden mit dem **document Neupfarrplatz** (mehr s. S. 118) zugänglich gemacht. Auf dem Platz vollzieht ein vom israelischen Künstler Dani Karavan gestaltetes Relief den Grundriss der Synagoge nach. Zu den wenigen sehenswerten Gebäuden am Neupfarrplatz gehört das 1731-33 erbaute **Palais Löschenkohl** der gleichnamigen Bankiersfamilie.

Niedermünster

(K/L 4) Über dem Grab des im 8. Jh. verstorbenen Bischofs Erhard gründete sich ein Stift adliger Damen. Die Stiftskirche entstand in wesentlichen Teilen um 1150, im 17./18. Jh. wurde sie barockisiert. Im Zuge der Säkularisation endete mit dem Tod der letzten zugehörigen Dame die Ära des Stifts. Seit 1821 ist sie Dompfarrkirche, die Stiftsgebäude dienen als bischöfliche Residenz. Auch hier wird man bald in die Vergangenheit hinabsteigen können: Das **document Niedermünster** eröffnet voraussichtlich im Herbst 2010.

Ostentor

(M 5) Mit der Erweiterung um 1300 erreichte Regensburg die Ausmaße der heutigen Altstadt. Damals wurde auch das Ostentor errichtet, eines der besterhaltenen Stadttore Deutschlands. Die der Stadt abgewandte Seite wirkt mit ihren Schießscharten, Pechnasen und den Vortürmen besonders wehrhaft.

Porta Praetoria

(K 4) Das bedeutendste Relikt aus der Römerzeit wurde um 179 n. Chr. mörtellos aus Kalksteinquadern gemauert. Es war das Nordtor des Legionslagers. Beim Bau einer frühmittelalterlichen Bischofsresidenz, aus der nach ständigen Umgestaltungen der heutige Bischofshof erwuchs, integrierte man die antiken Steine. Erst 1885 wurden sie wiederentdeckt und freigelegt. Weitere Reste der **Römermauer** sind am St.-Georgen-Platz, an der Adolf-Kolping-Straße (L 4) und Am Königshof (K 6) zu sehen.

Sankt Ägidien

(H 5) Die dem Nothelfer Ägidius geweihte Kirche (13. Jh.) gehörte dem Deutschen Orden, der 1210-1809 in Regensburg vertreten war. Der schlichte Bau besitzt zahlreiche Grabmäler von Deutschordensrittern aus dem 14.-18. Jh.

SEHENSWERTES VON A BIS Z

Himmlisch: St. Emmeram grüßt von der Decke seiner Basilika

Sankt Emmeram

(J 6) Die Abtei gehörte zu den bedeutendsten Benediktinerklöstern Deutschlands. Und zu den ältesten: Ihre Ursprünge liegen in der Zeit um 700. Damals wurde, so die Überlieferung, der hl. Emmeram in einer Sankt Georg geweihten Kirche beigesetzt. Über dem Grab entstand in immer neuen Bauabschnitten die mächtige Basilika. Sie besitzt drei Krypten: **Emmerams-, Ramwold- und Wolfgangskrypta**. Ihr prächtiges Inneres verdankt sie im Wesentlichen den Brüdern Asam, die 1731-33 hier wirkten, der Hochaltar war 1679 geweiht worden. Eine barocke Ausstattung besitzt auch die nördlich anschließende **Rupertuskirche**, mit der die Basilika durch eine gemeinsame Vorhalle (um 1170) verbunden ist. Der freistehende **Glockenturm** erhielt 1575-79 seine heutige Gestalt, sein Helm wurde ihm 1777 aufgesetzt. Die Reichsabtei Sankt Emmeram bestand bis 1810. Zwei Jahre später gingen Klostergebäude und Kreuzgang an die Fürsten von Thurn und Taxis (mehr s. S. 39).

Salzstadel

(K 4) Der gewaltige Speicher für das einst unentbehrliche Konservierungsmittel Salz wurde 1616-20 erbaut. In fünf von sieben Etagen lagerte das aus den Reichenhaller Salinen auf Salzach, Inn und Donau hertransportierte Gewürz. Seit 1991 ist das Gebäude Ort für Veranstaltungen und Ausstellungen. Pläne, den Stadel als Bibliothek oder Archiv zu nutzen, wurden verworfen – Papier würde in dem von Salz durchdrungenen Gemäuer verderben. Nebenan lehnt sich die berühmte historische **Wurstkuchl** (s. S. 127) seit etwa einem halben Jahrtausend an einen Rest der Stadtmauer. Älter noch (von 1487, 1551 erweitert) ist der **Amberger Salzstadel** westlich des Brücktors. Der beherbergt heute ein Studentenwohnheim.

Sankt Jakob

(H 5) Die „Schottenkirche" hat irische Ursprünge: Um 1100 gründeten Benediktiner von der grünen Insel ein Kloster westlich der damaligen Stadt, ein erster Kirchenbau wurde in der zweiten Hälfte des 12. Jh.s von der heutigen Basilika ersetzt. 1515 übernahmen schottische Ordensbrüder das Kloster, sie blieben bis 1862. Maria Stuarts Beichtvater, der 1592 verstorbene Ninian Winzet, war hier Abt, sein Grabstein steht im Südflügel. Das um 1185 entstandene, seit 1999 von einer gläsernen Vorhalle geschützte „Schottenportal" gilt als herausragendes Zeugnis romanischer Kunst am Bau. Es wird bewacht von Rydan, dem steinernen Pförtner (an der Innenseite). Wenige Meter weiter nordwestlich stehen noch die Flankentürme des Jakobstors, das wie das Ostentor um 1300 entstand.

Sankt Oswald

(H 4) 1553 wurde die zu Beginn des 14. Jh.s von Patri-

MERIAN | IM DETAIL

Das ehemalige Kloster Sankt Emmeram ist ein riesiger Gebäudekomplex. Nach Auflösung der Abtei gingen Kreuzgang und Klostergebäude in den Besitz der Fürsten von Thurn und Taxis über. In die Emmeramskirche gelangt man entweder durch die Vorhalle, die auch zur Rupertuskirche führt, oder als Abschluss einer Führung durch das Fürstliche Schloss.

SEHENSWERTES VON A BIS Z

Fürstlich: Schloss Thurn und Taxis in Festival-Stimmung

ziern gestiftete Kirche evangelisch, im 18. Jh. im Stil der Wessobrunner Schule ausstaffiert. Die restaurierte Barockorgel, das einzig erhaltene Instrument des Meisters Franz Jakob Späth von 1750, hat ihren Platz auf der Empore.

Stadtamhof
(H-L 2/3) Bis 1810 war der Ort am Nordende der Steinernen Brücke bayerisches Ausland, 1924 wurde er eingemeindet. Sein einheitliches Stadtbild geht auf den Wiederaufbau nach der Zerstörung 1809 zurück, als österreichische Truppen auf der Flucht vor den Franzosen die Stadt in Brand steckten. Sehenswert ist die **Pfarrkirche Sankt Mang** (um 1700) mit ihrer üppigen Rokoko-Ausstattung. Nördlich des Stadtteils verläuft seit 1973 ein Teilstück des **Main-Donau-Kanals**. Vor dessen Fertigstellung mussten alle Schiffe die Steinerne Brücke passieren.

Stadtpark
(E/F 4/5) In den Jahren nach dem Zweiten Weltkrieg wurde westlich der Altstadt ein englischer Garten angelegt. Hier befinden sich das Kunstforum **Ostdeutsche Galerie** (mehr s. S. 119) sowie das in einem ehemaligen Schützenhaus (1775) untergebrachte **Figurentheater** (mehr s. S. 121). Die kleine **orthodoxe Kirche** entstand 1832-34 als katholische Friedhofskapelle.

Steinerne Brücke
(K 3/4) 1135-46 bauten die Regensburger ihr späteres Wahrzeichen über die Donau. Jahrhundertelang war die Brücke die einzige steinerne Flussquerung östlich von Ulm, was zur Ausnahmestellung der Stadt als Handelsmetropole beitrug. Ursprünglich besaß die Brücke 16 Bögen (der südlichste ist unter der Zufahrt vermauert) und war 336 Meter lang. Die linsenförmigen „Beschlächte" an den Pfeilern schützten das Bauwerk vor Eisgang, verursachten aber auch, vor der Fluss-Regulierung, den berühmt-berüchtigten Strudel. An der höchsten Stelle des Donauübergangs thront das 1854 erneuerte, ursprünglich spätmittelalterliche „Bruckmandl", der Sage nach der Erbauer. Im Brückturm (um 1300) ist der Steinernen Brücke ein Museum gewidmet. Mehr s. S. 40

Villapark
(M 4/5) Ihren Namen hat die Grünanlage von der Königlichen Villa, die 1854-56 als Sommerresidenz Maximilians II. erbaut wurde. Hier hatte der Bayernkönig sowohl die Altstadt als auch die Walhalla im Blick. Die neugotische Villa ist Paradebeispiel des so genannten Maximilianstils.

Wahlenstraße
(J 4/5) Vom Kohlenmarkt führt eine der schönsten Altstadtstraßen nach Süden. Viele der Häuser stammen aus dem Hochmittelalter, einige werden als Studentenwohnheim genutzt. Nebenan auf der Westseite ragt der um 1250 errichtete **Goldene Turm** in den Himmel. Mit fast 50 Metern ist er der höchste Wohnturm der Stadt. Auf der anderen Straßenseite (Nr. 17) steht das Deggingerhaus. Das Anwesen wurde im 14./15. Jh. über romanischen Kellern erbaut. Nicht minder imposant ist das Kastenmayerhaus (Nr. 24 und Untere Bachgasse 15).

Zanthaus/ Ingolstetterhaus
(J 5) Der Gebäudekomplex ging aus zwei mittelalterlichen Patrizierhäusern hervor und wurde in Jahrhunderten mehrmals umgebaut. Zeitweise hatte hier die Thurn und Taxissche Verwaltung ihren Sitz. Ab 1812 stellten die Brüder Bernard hier Schnupftabak her. Nach fast 200 Jahren wurde die Fabrik verlegt; heute erinnert ein Museum an die Produktion des berühmten „Schmalzlerfranzl".

MERIAN | MAUSKLICK

Wer wissen will, was wann und wo in der Stadt los ist, klickt auf www.kulturjournal.de, www.regensburger-nachrichten.de und www.regensburger-stadtzeitung.de. Über Kultur und Nachtleben informiert www.hugo-magazin.com.
Tipp: Auf www.regensburger-vorgeschmack.de lassen sich Oberpfälzer „Fresskörbe" ordern.

KULTUR

MERIAN | MEISTERSTÜCK

Nackte Lust

Albrecht Altdorfer, der „wilde Maler von der Donau", bemalte bischöfliche Privaträume mit erotischen Badeszenen, die Jahrhunderte verschollen waren

Nur in Fragmenten erhalten: Altdorfers Badeszene (ca. 1535)

Das Bild hat keinen Namen. „Wandmalereifragment mit Badeszene" wird es genannt und entstand vermutlich um 1535. Das Pikante daran ist der Fundort: Das lustbetonte Bild schmückte bischöfliche Privatgemächer. Es stammt aus der Hand Albrecht Altdorfers, wichtigster Meister der so genannten Donauschule, deren Mitglieder auch als „wilde Maler von der Donau" bekannt sind. Altdorfer lebte die längste Zeit seines Lebens in Regensburg, in der Oberen Bachgasse 7. Er war Ratsherr und „Paumeister", gelangte aber eher als Maler, weniger mit seinen Bauten zu Ruhm – er gilt als Pionier der Landschaftsmalerei und schuf das Monumentalbild der Alexanderschlacht.

Dass seine Badeszene erhalten blieb, ist einem Zufall zu verdanken. 1887 brannte ein Teil des Bischofshofs am Krauterermarkt – das Gebäude wurde damals längst als Brauerei genutzt. Als die alten Farbschichten an den Innenwänden abplatzten, kam Altdorfers Werk zu Tage: Ein Paar, das sich zärtlich berührt! Eine erotische Wandmalerei in der ehemaligen Bischofsresidenz! Der Historische Verein des Gebiets ließ die Fragmente von der Mauer abtragen und mit Gips sichern. Heute gehören sie zur Sammlung des Historischen Museums Regensburg. Experten gehen davon aus, dass Altdorfer die Badeszene für die Wohnräume des bischöflichen Administrators Johann III. Pfalzgraf bei Rhein schuf. Dessen Gemächer befanden sich im selben Gebäudekomplex, in dem ab 1575 auch der Kaiser wiederholt weilte. Der Raum wurde später „kaiserliche Badestube" genannt. Ob darin wirklich gebadet wurde, ist so unklar wie die Hintergründe für die Auftragsmalerei. Durch eine Skizze Altdorfers, die heute in den Uffizien aufbewahrt wird, weiß man zumindest, wie das gesamte Wandbild geplant war: unbekleidete Badegäste, Bedienstete – und Schaulustige, die von einer Galerie aus die Badenden betrachten. Gekonnt spielt Altdorfer mit Nacktheit und Voyeurismus: Unweigerlich wird der Betrachter damit konfrontiert, dass auch er zu den Menschen auf der Galerie gehört, die sich an der Badeszene ergötzen.

Historisches Museum Regensburg (L 5) Dachauplatz 2-4 Tel. 0941 5072448 *(Fragmente bis Ende 2009 in Restaurierung)*

MUSEEN

document Neupfarrplatz
In unterirdischen Schauräumen wird die Geschichte des Neupfarrplatzes beschrieben. Zu sehen sind Teile der archäologischen Ausgrabungen. Schwerpunkt dabei ist die aufwändige, multimediale Ausstellung über das 1519 zerstörte jüdische Viertel. Zugang nur mit Führung. (J/K 5) Neupfarrplatz Tel. 0941 5071442 www.museen.regensburg.de

Fürst Thurn und Taxis Museen
Auf St. Emmeram, Schloss der Familie Thurn und Taxis, gibt es gleich mehrere Museen: Schloss und Kreuzgang sind nur auf einer Führung zu besichtigen. Zugänglich ist auch der Marstall mit Kutschen, Schlitten, Sänften und Tragsessel aus dem 19. und 20. Jh. Die „fürstliche Schatzkammer" steht ebenfalls offen. Allerdings gehören die Schätze nicht mehr dem Fürsten, sondern dem Land Bayern. Das ist Ergebnis eines Deals: Die Familie Thurn und Taxis tauschte die Schätze gegen Teilerlass der Erbschaftssteuer. Die Preziosen werden nun als Teil des Bayerischen Nationalmuseums gezeigt. (J 5/6) Emmeramsplatz 5 Tel. 0941 5048133 www.thurnundtaxis.de

Historisches Museum
Nicht weniger als die Kunst- und Kulturgeschichte von der Steinzeit bis zum 19. Jh. will das Museum am Beispiel von Regensburg und Ostbayern erklären. Ein großer Anspruch,

Knallrot: Magdalena Jetelovás Säulen vor der Ostdeutschen Galerie

INNOVATIVE FOKUSSIERMECHANIK
Schneller, präziser Wechsel von der Fern- in die beeindruckende Naheinstellung von nur 2 Metern

LICHTSTARK UND BRILLANT
Lichtstarke Optik für klare, kontrastreiche Bilder auch bei schlechten Lichtverhältnissen; mit 8facher oder 10facher Vergrößerung

LEGENDÄRER EL-DURCHGRIFF
Angenehme, ergonomische Bedienung – auch mit nur einer Hand

SEE THE UNSEEN
WWW.EL-TRAVELER.COM
SWAROVSKI OPTIK KG
Daniel-Swarovski-Straße 70, 6067 Absam, Austria
Tel. +43/5223/511-0, Fax +43/5223/41 860
Hotline: 00800/1949 2009, info@swarovskioptik.at

mit dem die Menge an Exponaten jedoch nicht mithalten kann. Gezeigt werden gotische Steinplastiken, Höhepunkte sind die Gründungsinschrift aus der Römerzeit und die Fragmente der Badeszene von Albrecht Altdorfer (li.). Wer alles gesehen hat, der sollte die mittelalterlichen Räume des ehemaligen Minoritenklosters St. Salvator genießen und im Café im Klosterhof Platz nehmen.
(L 5) Dachauplatz 2-4
Tel. 0941 5072448
www.museen.regensburg.de

Kepler-Gedächtnishaus
Im Sterbehaus von Johannes Kepler (1571-1630), einem der Begründer der modernen Naturwissenschaft, dokumentieren Bücher, Briefe und Instrumente dessen Leben und Werk.
(J 4) Keplerstr. 5, Tel. 5073442
www.museen.regensburg.de

Kunstforum
Ostdeutsche Galerie
Was Ende der fünfziger Jahre als „Sudetendeutsche Galerie" begann, ist heute eines der spannendsten Museen der Stadt. Von Klassizismus bis Moderne präsentiert es Werke aus den ehemals von Deutschen (mit)geprägten Kulturräumen Mittel- und Osteuropas. Käthe Kollwitz, Lovis Corinth, Bernard Schultze, Adolf Hölzel ist je ein eigener Raum gewidmet. Die pointierten Wortkritzeleien im Treppenhaus stammen von Dan Perjovschi.
(F 4) Dr.-Johann-Maier-Str. 5
Tel. 0941 297140
www.kunstforum.net

Städtische Galerie „Leerer Beutel"
Die Galerie im ehemaligen Getreidespeicher zeigt Werke von ostbayerischen Künstlern wie Josef Achmann und Xaver Fuhr, außerdem Arbeiten der um 1960 aktiven Avantgardegruppe „SPUR". Im Speicher sind auch ein Programmkino, ein Jazzclub und ein Restaurant untergebracht.
(L 5) Bertoldstr. 9
Tel. 0941 5072440
www.museen.regensburg.de

REISELUST
EL 32 TRAVELER.
FÜR UNVERGESSLICHE AUGENBLICKE

Es sind die Details, die den Augenblick einzigartig und die Reise zu einem unvergesslichen Erlebnis machen. Ein perfektes, leichtes Fernglas wie das EL 32 TRAVELER ist dabei unverzichtbar. Absolut scharf, präzise und in brillanten, naturgetreuen Farben ermöglicht es Einblicke, die sonst für immer verborgen bleiben müssten.

KULTUR

MERIAN | HEIMSPIEL

Buxen kaufen

Als kleiner Junge floh Heribert Prantl bei Nacht und Nebel aus Regensburg heim ins Dorf. Heute ist es für ihn die schönste Stadt in Deutschland

Kiosk unter Denkmalschutz: das „Milchschwammerl"

Als ich noch recht klein war und die Bedeutung des Wortes Kultur noch nicht zu erfassen vermochte, war mir Regensburg von Herzen zuwider. Es gab dort nämlich ein Geschäft namens „Leder Hackl", mitten in der Stadt, nicht weit vom Dom, vom Alten Rathaus und der Folterkammer. Regensburg war für mich einzig und allein ein Ort, der markant nach Wichse roch und in dem es Lederhosen, genannt Buxen, zu kaufen gab, die bei meiner Mutter als schier unverwüstlich galten.

Ich war fünf, als ich die erste Lederbux bekam. Dass sie aus Hirschleder war, bezweifle ich nachträglich: Aber immerhin hatte diese Bux schöne Hosenträger, deren Verbindungsstück auf der Brust, genannt Quersteg, praktisch gestaltet war – als eine Art Geldbeutel mit Reißverschluss oben; und außen war ein weißer Hirsch angebracht. In diesem Behältnis pflegte ich, wie meine Freunde auch, die Fliegen zu sammeln, die wir tagsüber am Brettertor des Kindergartens erschlugen.

Diese kurze Hose war also eigentlich nicht der Gegenstand meines Unbehagens; es waren vielmehr die Umstände ihres Erwerbs. Mein Vater war kein geiziger Mann. Aber in der Oberpfalz war es damals, als sich dort das Wirtschaftswunder erst zaghaft ankündigte, üblich, bei größeren Ausgaben – eine Lederhose zählte zweifellos dazu – über den Preis zu verhandeln: „Wie viel geht da noch weg?" Wenigstens so viel sollte es sein, dass die Fahrtkosten und das Mittagessen dabei heraussprangen.

Ich genierte mich furchtbar, fühlte mich gebrandmarkt als einer, der den vollen Preis nicht wert ist. Kurz: Ich hielt das väterliche Verhalten, obwohl es erfolgreich war, für peinlich. Die Scham übertrug sich auf den Ort. Ich mochte ihn nicht. Als wir später wieder „in die Stadt" fuhren, um nun auch noch eine lange Lederhose zu erwerben, und an einem Geschäft vorbeikamen, das „Umsonst" hieß, schlug ich vor, die Hose doch gleich da zu kaufen.

Meine schlechte Meinung über Regensburg änderte sich auch dann nicht, als man mich in der vierten Klasse Volksschule probeweise in das bischöfliche Knabenseminar Obermünster steckte, „Priesterseminar" nannte man den Ort. Es war dies ein grässlicher gefängnisartiger Bau, in dessen endlosen Fluren die schlecht gerahmten schwarz-weißen Fotografien diverser Priesterjahrgänge hingen, Primizianten – die allesamt ein heiligmäßiges Gesicht zur Schau trugen. Der Tagesablauf in diesem Knabenseminar war entsprechend. Die Flucht aus dieser Kaserne Gottes, bei der ich mich nächtens bis zum Bahnhof, genauer gesagt zu der Omnibus-Haltestelle durchgeschlagen habe, an der frühmorgens der Bus in meinen Heimatort Nittenau abfuhr, zählt zu meinen frühen Heldentaten.

Kulturelle Sehenswürdigkeiten habe ich auf diesem nächtlichen Streifzug nicht entdeckt. Ich bin aber an einem bemerkenswerten Kiosk vorbeigekommen, der als Fliegenpilz gestaltet war und ein rotes Dach mit weißen Punkten hatte. Aus späterer reicher Erfahrung kann ich versichern, dass es in der Stadt viele weitere Sehenswürdigkeiten gibt. Meine Meinung zu Regensburg hat sich längst gründlich gewandelt. Als viele Jahre nach meiner Flucht aus dem Knabenseminar die deutsche Einheit wieder hergestellt war und die Debatten über Bonn oder Berlin begannen, habe ich in meiner Redaktionskonferenz Regensburg als Hauptstadt vorgeschlagen.

Der Vorschlag wurde dort als gehobene Absurdität aufgefasst. Er war freilich viel weniger absurd, als es Jahrzehnte vorher Adenauers Entscheidung für Bonn gewesen war. Und überhaupt kann von Absurdität nur jemand reden, bei dem Geschichte erst im 19. Jahrhundert einsetzt. Damals verschwand Regensburg gerade von der politischen Landkarte: Der Hauptort von Kaisern und Königen, das Zentrum des Alten Reiches, das schon Hauptstadt war, als Bonn und Berlin noch nicht mal Städte waren, schrumpfte zum Provinznest. Die Stadt versank in einen Jahrhundert-Schlaf, aus dem sie erst vor ein paar Jahrzehnten wieder erwachte. Regensburg ist heute die schönste Stadt in Deutschland – und das Knabenseminar Obermünster abgerissen worden.

Heribert Prantl wurde 1953 in Nittenau bei Regensburg geboren. Der Jurist, Journalist und Publizist leitet das Ressort Innenpolitik bei der Süddeutschen Zeitung.

KULTUR

THEATER

Figurentheater im Stadtpark
Als erstes Theater Bayerns wurde es 2008 von der UNESCO ausgezeichnet: Wenn die Puppen von Evi-Maria Robl und Heinz Polkehn tanzen, wird es Kindern wie auch Erwachsenen warm ums Herz. Das Repertoire reicht vom „Kleinen Gespenst" über den Urfaust bis zu eigenen Musicals.
(F 4) Dr.-Johann-Maier-Str. 3
Tel. 0941 28328
www.regensburgerfiguren theater.de

Theater Regensburg
Dreisparten-Theater mit Schauspiel, Ballett und Musiktheater. Gespielt wird nicht nur im Stammhaus, sondern auch im Velodrom und im Theater am Haidplatz. Im Sommer Freilichtaufführungen.
(H 4) Bismarckplatz 7
Tel. 0941 5072424
www.theaterregensburg.de

Theater im Turm
Kleines Theater mit Bar oben in einem Regensburger Turm. Buntes Programm von der Schiller-Revue bis zum Jugendstück „Gretchen reloaded". In der Sommerpause Kino.
(J 4) Am Watmarkt 5
Tel. 0941 562233 (vormittags), www.regensburger-turmtheater.de

Statt-Theater
Traditionsreiche Kleinkunst- und Kabarettbühne mit eigenem Ensemble. Jährlich an die 220 Veranstaltungen.
(G/H 4) Winklergasse 16
Tel. 0941 53302
www.statt-theater.de

KINO

Kino Garbo
Fünfziger-Jahre-Feeling im aufwändig renovierten muschelförmigen Saal mit angenehm breiten Sesseln.
(H 4) Weißgerbergraben 11 a
Tel. 0941 57586
www.altstadtkinos.de

Kino Ostentor
Es ist eines der ältesten Programmkinos Deutschlands und steht bis heute für Qualität. Schon 1972 liefen hier drei Filme am Tag. Im Sommer veranstaltet das Ostentor Open-Air-Kino auf Schloss Pürkelgut (Juli-Sept.). Kinokneipe hinter der Leinwand!
(M 5) Adolf-Schmetzer-Str. 5
Tel. 0941 791974
www.altstadtkinos.de

Der beliebte Bildband

Eine Entdeckungsreise durch Regensburg in Bild und Text: Lassen Sie sich verzaubern von wunderschönen historischen Gebäuden, Plätzen, Altstadtgassen, Kirchen, Klöstern und Brücken!

Von Thomas Ferber und Peter Morsbach
Mit Texten in deutsch, englisch und italienisch
2. Auflage, 64 S., 70 Farbabb., Hardcover
ISBN 978-3-7917-1942-9, € (D) 11,–

Der bewährte Stadtführer

Der Stadtführer durch das UNESCO-Welterbe informiert ausführlich über Sehenswürdigkeiten, Museen, Galerien und enthält viele Tipps zu Hotels, Restaurants, Kneipen, Biergärten und Shoppingmöglichkeiten.

Von Heidemarie Böcker
5. Auflage, 96 S., 76 Farbabb., 2 Stadtpläne, Klappenbroschur
ISBN 978-3-7917-2155-2, € (D) 6,90
Versionen auch in englisch, französisch, italienisch und spanisch

Bücher gibt's in Regensburg bei BÜCHER PUSTET.

Bücher Pustet in Regensburg: Gesandtenstraße (Altstadt), Donau-Einkaufszentrum, Universität
www.pustet.de   regensburg@pustet.de

MERIAN ZUM NACHBESTELLEN

MERIAN ist das Synonym für Reisen und Kultur auf höchstem Niveau. Wertvolle Tipps und detailgetreue Kartographie erleichtern Ihre Reiseplanung und geben neue Ideen und Ziele.

Nutzen Sie den bequemen Bestellservice für bereits erschienene Titel unter Telefon 040/87 97 35 40 oder www.merian.de/shop

Lieferbare MERIAN Ausgaben

- **Ä**gypten
- Allgäu
- Amsterdam
- Andalusien
- Argentinien
- Athen

- **B**aden-Württemberg*
- Bali
- Baltikum
- Berlin
- Bonn*
- Brasilien
- Braunschweig*
- Budapest

- **C**hicago
- Chile und Patagonien
- Cornwall
- Côte d'Azur

- **D**eutschland*
- Dominikanische Republik
- Deutsche Technikstraße
- Dresden
- Dubai
- Düsseldorf

- **E**cuador
- Elsass
- Emilia-Romagna
- Finnland
- Florenz
- Florida
- Frankfurt
- Französische Atlantikküste

- **G**ardasee
- Griechenland*
- Große Ferien*

- **H**amburg
- Harz
- Hongkong

- **I**rland
- Istanbul
- Italien**

- **J**apan
- Jerusalem

- **K**alifornien
- Kanalinseln
- Kanar. Inseln
- Kapstadt
- Karlsruhe*
- Kärnten
- Kiel*
- Köln
- Krakau
- Kreta
- Kroatien
- Kuba

- **L**as Vegas
- Ligurien
- Lissabon
- Linz
- Die Loire
- London
- Luxemburg

- **M**adeira
- Madrid
- Mallorca
- Malta
- Marokko
- Masuren
- Mauritius und
- Réunion
- Meckl.-Vorp.
- Mexiko
- Moskau
- MS Europa*
- München
- Münsterland

- **N**amibia
- Neapel und die Amalfiküste
- Neuseeland
- New York
- Wasserreich Niedersachsen*
- Norwegen
- Nürnberg

- **O**berbayern
- Oldenburg*
- Osnabrück*

- **P**eking
- Pfalz
- Piemont / Turin
- Portugal
- Prag
- Provence

- **R**egensburg
- Rom
- Das neue Ruhrgebiet*
- Rügen

- **S**alzburg und das Salzburger Land
- Schottland
- Schweden
- Schweiz
- Shanghai
- Sizilien
- Slowenien
- Spaniens Norden
- Städtereisen Deutschland*
- Städtereisen Europa*
- Steiermark
- Stockholm
- Stuttgart
- Südafrika

TESTEN SIE MERIAN

Sie erhalten die nächsten 3 Ausgaben MERIAN frei Haus zum Preis von nur 19 Euro statt 23,85 Euro bei Einzelkauf. Zusätzlich und als Dankeschön für Ihr Interesse: MERIAN-Jubiläumsausgabe „Unsere Erde", Der blaue Planet von A bis Z

20% GESPART

- Südtirol
- Sylt

- **T**essin
- Thailand
- Thüringen
- Tirol
- Traumstraßen*
- Türkische Südküste

- **U**lm*
- Umbrien und die Marken
- Unsere Erde
- USA: Der Süden

- **V**atikan
- Venedig
- Vietnam
- Vorarlberg

- **W**eimar
- Wien / Niederösterreich
- Autostadt Wolfsburg*

- **Z**ürich
- Zypern

MERIAN Ausgaben erhalten Sie für 7,95 Euro, die MERIAN extra-Ausgaben für
* 5,– bzw.
** 7,50 Euro

Globalisierung und lokales Handeln, Rückschau und Blick in die Zukunft, Welterbe, Weltstädte und künstliche Welten – das MERIAN-Jubiläumsheft „Unsere Erde" nimmt Sie mit auf eine Reise zu den faszinierendsten Geheimnissen des blauen Planeten. Mit neuesten Zahlen und harten Fakten, großen Bildern und packenden Reportagen öffnet Ihnen diese Ausgabe die Augen für die Schönheit und Wunder unserer Erde. Sie erhalten dieses 230 starke Jubiläumsheft als Dankeschön für Ihr Interesse.

Nutzen Sie den Bestellservice unter Telefon 040/87 97 35 40 oder www.merian.de/shop
Bitte geben Sie bei Ihrer Bestellung die **Aktions-Nr.: 28192** an.

MERIAN
Die Lust am Reisen

EINKAUFEN

MERIAN | SOUVENIR

Mut zum Hut

Papst oder Playboy – der Hutkönig am Krauterermarkt hat für jeden Typ das passende Modell. Die Auswahl ist gigantisch, der Ruf legendär. Von Strauß bis Brandt kamen hier alle unter den Hut

Solange Leute daran interessiert sind, sich gut zu kleiden, gehört der Hut dazu". Das ist der Leitspruch von Robert Nuslan, und dementsprechend stapeln sich Hüte über Hüte im „Hutkönig", dem Geschäft der Gebrüder Nuslan am Krauterermarkt. Etwa 12 000 Stück sollen es sein, die meisten handgefertigt in der eigenen Hutmacherei. Dort arbeitet Andreas Nuslan, Hutmacher und Modist, also zweifacher Meister in der Herstellung von Kopfbedeckungen – ein Diplom für Herrenhüte, ein zweites für Damenhüte. 35 bis 80 Arbeitsschritte sind je nach Modell nötig, bis aus einem Stück Stoff ein Hut entsteht – eine historisch anmutende Handarbeit mit viel Dampf, alten Maschinen und seltenen Materialien. Das Geschäft gibt es seit über neunzig Jahren, ein Familienbetrieb in fünfter Generation. Über Namen aktueller Kunden wird geschwiegen, bitte, man ist diskret, darunter sind „Königs- und Fürstenhäuser", „Adelige aus ganz Europa" und „viele bekannte Künstler". Wenn's um verstorbene Käufer geht, ist man redseliger. Willy Brandt, Franz Josef Strauß, Luis Trenker wurden hier behütet. Wer sich beim Hutkönig beraten lässt, lernt viel über Kopfform, Material und Stil. Was passt zu welchem Kopf? Ein Trachtenhut? Ein Borsalino? Oder die hauseigene Kreation „Playboy"? Wer's würdiger mag: Zum 80. Geburtstag des Papstes entwarf Nuslan sogar ein „Modell Benedikt".
Hutkönig (K 4) Krauterermarkt 1, Tel. 0941 51840
www.hutmacher.de

Große Auswahl: 12 000 Hüte hat der „Hutkönig" auf Lager

Einkaufen in Regensburg macht Spaß, denn im denkmalgeschützten Zentrum fehlt die übliche anonyme Einkaufsstraße. Es gibt viele kleine Spezialgeschäfte, oft seit Generationen in Familienbesitz. Wer zum Shoppen aber doch die Filialen der bekannten Ketten braucht, findet sie versammelt in zwei großen Malls: den Regensburg Arcaden, Friedensstraße 23 **(K 7)** südl. des Bahnhofs, zu Fuß erreichbar (**www.regensburg-arcaden.de**) und im Donau-Einkaufszentrum **(N 1/2)** im Osten der Stadt (**www.donau einkaufszentrum.de**).

Antikhaus Insam mit Golfmuseum
Wertvolle Biedermeiermöbel, alte Grafiken, Jugenstil-Broschen. Wer Freude an Antiquitäten hat, sollte bei Insam stöbern. Im Keller des Antikhauses befindet sich außerdem ein kleines Privatmuseum. Es zeigt eine Sammlung historischer Golfutensilien, darunter den ältesten Golfball der Welt.
(J 4) Tändlergasse 3
Tel. 0941 51074
www.antikhaus-insam.de

Bürsten Ernst
Im Business der Borsten und Besen ist Familie Ernst ungeschlagen. Seit 1894 handelt ihre Manufaktur mit Pflege- und Reinigungsartikeln aller Art, vom Rasierpinsel bis zur Schuhputzbürste, von der Massagebürste bis zum Rosshaarbesen. Die Haare für letzteren kommen übrigens aus einer nahen Pferdeschlachterei. Absoluter Verkaufsschlager ist der „Ziegenhaar-Abstauber". Die Haare sind besonders weich und hinterlassen auf den Möbeln keine Spuren. Außerdem laden sie sich elektromagnetisch auf.
(H 4/5) Glockengasse 10
Tel. 0941 51721
www.buersten-ernst.de

Geigenbau Goldfuss
Seit drei Generationen fertigt, repariert und restauriert die Familie Goldfuss Streichinstrumente nach höchsten Ansprüchen.
(L 5) Schwanenplatz 2
Tel. 0941 53556
www.goldfuss-geigenbau.de

Händlmaier's süßer Hausmachersenf
In der Metzgerei ihres Mannes wollte Johanna Händlmaier den Kunden zu den Würsten noch etwas Besonderes anbieten und mischte 1914 in ihrem Kochtopf den „süßen Hausmachersenf". Die Metz-

gerei gibt es nicht mehr, Johannas süßer Senf hingegen ist heute in ganz Deutschland bekannt. Das Unternehmen – immer noch im Besitz der Familie – hat mittlerweile seinen Sitz im Industriegebiet Haslbach, außer dem klassisch süßen Senf werden hier noch etliche andere Senfsoßen produziert. 50 000 Gläser pro Schicht! **Erhältlich in vielen Supermärkten der Region.**

Karmelitengeist
Nur zwei Pater sollen das Geheimnis des „Echten Regensburger Karmelitengeistes" kennen. 75 Prozent Alkohol, zwölf Kräuter, darunter Melisse, so viel ist bekannt. Seit 1721 wird der Extrakt im Regensburger Karmelitenkloster hergestellt, er hat längst einen guten Ruf als wirkungsvolles Hausmittel: äußerlich angewendet etwa zum Desinfizieren von Wunden, innerlich (verdünnen!) gegen Magenverstimmungen und Grippe. Bis heute verkauft das Kloster sein Produkt direkt an der Pforte. Wenn diese nicht besetzt ist, kann der Karmelitengeist auch in der Apotheke nebenan gekauft werden. Auch an der Pforte des Dominikanerinnenklosters Heilig Kreuz (Am Judenstein 10) gibt es jeden Freitagvormittag ein Hausmittelchen zu kaufen – ein braunfarbenes Kräuter-Magenbalsam nach altem Rezept.
(K 4/5) Alter Kornmarkt 7
Tel. 0941 585330
www.karmelitenkloster-stjoseph.de

Metzgerei Dollmann
Die erste Adresse für die originale Regensburger Brühwurst und andere hausgemachte Spezialitäten. Die von Hans Dollmann und Sohn Johannes geführte Metzgerei ist die älteste in Regensburg.
(G/H 4) Wollwirkergasse 13
Tel. 0941 58060
www.metzgerei-dollmann.de

Von Kratzbürste bis Straßenfeger: Bürsten Ernst führt alles

BUCHHANDLUNGEN
Bücher Pustet
Hier findet man alles, was es über Regensburg und Umgebung zu lesen gibt. Zum Unternehmen gehören neben den Buchhandlungen eine Druckerei und ein Verlag. Letzterer ist bekannt für seine theologischen wie historisch fundierten Titel.
(J 5) Gesandtenstr. 6-8
Tel. 0941 56970, www.pustet.de

Buchhandlung Atlantis
Für die Regensburger der Ersatz fürs fehlende Literaturhaus. Drehpunkt für viele kulturelle Veranstaltungen, regelmäßig Lesungen.
(J 4) Wahlenstr. 8
Tel. 0941 52110

Dombuchhandlung
Untergebracht in einem der schönsten mittelalterlichen Patrizierhäuser am Dom. Der Schwerpunkt liegt auf christlich-religiöser Literatur.
(K 4) Domplatz 7
Tel. 0941 561182
www.dombuchhandlung.de

ÜBER NACHT

MERIAN | GUT GESCHLAFEN

Blick in die Sterne

Das Hotel Goliath gleicht auf den ersten Blick einem Privathaus und bietet dabei all jenen Luxus, der das Leben aus dem Koffer zum Vergnügen macht. Seine beste Eigenschaft: Gäste haben hier das Gefühl, in einer fremden Stadt ein Zuhause zu finden

Es ist das schönste neue Hotel der Stadt: 2007 errichtet und so geschickt in die Fußgängerzone platziert, dass der Fremde es auf den ersten Blick für ein altes Gemäuer hält. Kein Wunder, gehören doch die Betreiber des Vier-Sterne-Hauses zur Gastronomie-Elite der Stadt: Die Eltern von Chefin Stephanie Birnthaler führen den „Bischofshof" gegenüber. Was hier mit viel Feingefühl – mit Farben, Stoffen, Tapeten und maßgefertigten Möbeln – entstanden ist, berauscht. Hier möchte man sitzenbleiben, auf die Domtürme schauen, den Glocken lauschen oder sich von der Dachterrasse in die Weinberge oberhalb von Stadtamhof träumen und abends in den Sternenhimmel blicken. Der Gedanke reift, sich das „Goliath" als Zweitwohnung zu wählen, alles wäre ideal: Das Frühstück kann jederzeit eingenommen werden, die Lounge im Eingangsbereich eignet sich bestens für kleine Geschäftsgeplauder, der Kuchen duftet himmlisch. Und auch sonst ist alles so, wie der Gast es gern hat: Flatscreen-TV, Highspeed-Internetanschluss, gedämmte Fenster gegen den Nachtrummel, das Bad in Naturstein, Sauna. Und jede Menge freundliches und professionelles Personal.

Fazit Perfekte Balance zwischen Historie und Komfort.
(J/K 4) Hotel Goliath, Goliathstr. 10, Tel. 0941 2000900
www.hotel-goliath.de *41 Zi., DZ ab 140 Euro*

Weltkulturerbe von oben genießen: Dachterrasse des „Goliath"

Natürlich gibt es auch außerhalb des Zentrums gute Hotels, etwa in der Nähe der Universität. Doch wer die Altstadt kennen lernen will, kann hier wunderbar nächtigen:

Hotel Altstadt Engel
Hier weckt der Papst

Hotelzimmer sind wie Wundertüten – und oft hätte man gerne die Tüte des Anderen bekommen. In diesem Fall zum Beispiel das „Brauerei-Zimmer" mit viel Stuck an der Decke, man wohnt aber im „Papst-Benedikt-Zimmer" Das ist auch schön, mit einer jahrhundertealten Holztür zum Bad, geräumig sowieso. Doch hier wird man observiert – von sechs Bildern blickt das Oberhaupt der katholischen Kirche auf die Schlafenden herab. Nichts für Frischverliebte, denen fällt das Einschlafen schwer: Schaut er immer noch? Wie war das mit Sünde und Vergebung? War es gut, den Betschemel zu ignorieren? Für die etwas unruhige Nacht entschädigt ein tolles Frühstück, auf Wunsch sogar mit Crêpes. Das Hotel gibt es seit 2006, das Vorderhaus seit dem 14. Jahrhundert. Der schiefe Kamin in der Suite zeigt, wie stark sich das alte Gebäude geneigt hat. Grund waren die von Römern ausgehobenen, später zugeschütteten Latrinen – das Wasser spülte mit der Zeit die Erde weg, das Gebäude sackte ab. Einen Lift gibt es hier nicht, das verhinderte der Denkmalschutz.
Fazit Schöne Lage, freundliches Personal, wunderbares Café. Bisweilen geschmacklich etwas daneben.
(H/J 5) Gesandtenstr. 12
Tel. 0941 28074600
www.altstadt-engel.de
17 Zi., DZ ab 100 Euro

Hotel Goldenes Kreuz
Kaiser-und Fürstenherberge

Wenn ein Traditionshotel wie das „Goldene Kreuz" nach Jahrzehnten neu öffnet, erwartet man teuere Zimmer mit historischem Nippes. Doch nichts dergleichen lässt sich hier aufspüren. Die Preise stimmen, die Einrichtung ist aufs Wesentliche reduziert: Nur wenige, alte Möbelstücke und Bauteile erinnern an die Vergangenheit. Die puristische Umgebung zwingt förmlich zu guten Umgangsformen: Wer mit Adiletten und Bermuda-

ÜBER NACHT

shorts antanzt, fühlt sich hier garantiert fehl am Platz. Nein, lieber nimmt man abends das Büchlein zur Geschichte und liest ein wenig über die illustren Gäste des Hauses: Anlässlich des Reichstags logierte Karl V. hier, Bayern-König Ludwig I. weilte zur Einweihung der Walhalla vor Ort und ebenso der spätere deutsche Kaiser Wilhelm I., begleitet von Otto von Bismarck (unter dem Pseudonym „Graf von Zollern"). Vom 16. bis 19. Jahrhundert galt das „Goldene Kreuz" als die vornehmste Herberge der Stadt, musste dann aber schließen.
Fazit Stilvolles Hotel an einem der schönsten Plätze.
(J 4) Haidplatz 7
Tel. 0941 55812
www.hotel-goldeneskreuz.de
9 Zi., DZ unter 100 €

Hotel Lux
Und leise knarzen die Dielen

Es gibt keine Rezeption, keine Minibar, das Licht im Bad ist schlecht, die Vorhänge dekorieren mehr, als dass sie verdunkeln. Macht alles nichts, die Gäste fühlen sich dennoch wohl: Der Ort hat Charakter, die inflationär gebrauchte Bezeichnung „individuell eingerichtet" wurde ernst genommen. Alle Möbel sind Sammelstücke und passen perfekt – in Zimmer 6 sowohl das dunkle Holz als auch die Bettverzierungen zu der vom Jugendstil inspirierten Wandmalerei, in Zimmer 4 die cremefarbenen Stühle zur rosé und blau getönten Tapete. Schön auch Details wie der „Notfallkoffer", gefüllt mit Nähzeug und anderen nützlichen Kleinigkeiten wie Nähutensilien, die auf Reisen meistens im wichtigen Moment fehlen. Die ehemalige Brauereigaststätte „Schildbräu" in Stadtamhof, in der das Hotel ist, wurde 1809 errichtet und war bis zur Schließung 1936 ein Treffpunkt ansässiger Bürger. Das scheint nachzuwirken: Man denkt an den kurzen Weg über die Steinerne Brücke in die Altstadt – und bleibt in Stadtamhof.
Fazit Wer auf etwas Komfort verzichten kann und nach Schönheit statt Service sucht, wird sich hier wohlfühlen.
(K 2) Stadtamhof 24
Tel. 0941 85724
www.hotel-lux.eu
6 Zi., DZ ab 100 €

ALTSTADTHOTELS

Von Pracht- bis Kettenhotel: Die Altstadt bietet jede Form der Übernachtung. Wer länger bleiben will oder als Gruppe reist, sollte sich auch über Ferienwohnungen informieren. Einige befinden sich im Zentrum, beispielsweise in der ehemaligen Schnupftabakfabrik. Eine Unterkunftsliste erhalten Sie an der Touristeninformation im Alten Rathaus – und auf der Website www.regensburg.de. Dort können Sie auch online buchen.

Altstadthotel Am Pach
Jedes der 20 Zimmer ist einem Jahrhundert gewidmet.
(J 4/5) Unter Bachgasse 9
Tel. 0941 298610
www.ampach.de
20 Zi., DZ ab 100 €

Altstadthotel Arch
Hier wohnten früher die Reichstagsgesandschaften.
(J 4) Haidplatz 4
Tel. 0941 5866168
www.altstadthotelarch.de
65 Zi., DZ ab 120 €

Bischofshof am Dom
Viel Romantik steckt in diesem historischen Gemäuer.
(K 4) Krauterermarkt 3
Tel. 0941 58460
www.hotel-bischofshof.de
55 Zi., DZ ab 120 €

Elements Hotel
Vier Etagen, vier Elemente, viel Extravaganz. Modern.
(K 4/5) Alter Kornmarkt 3
Tel. 0941 3898600
www.hotel-elements.de
4 Zi., DZ ab 120 €

Hotel Münchener Hof
Seit mehr als 70 Jahren in Familienbesitz.
(J 4) Tändlergasse 9
Tel. 0941 58440
www.muenchener-hof.de
53 Zi., DZ unter 100 €

Park-Hotel Maximilian
Ein sehr schöner Neu-Rokoko-Bau. Innen komfortabel.
(K 6) Maximilianstr. 28
Tel. 0941 56850
www.maximilian-hotel.de
52 Zi., DZ ab 100 €

ACHAT Plaza Herzog am Dom**
Wohnen inmitten herzoglicher Mauern vis-à-vis des Regensburger Doms.

ACHAT Plaza Herzog am Dom | Domplatz 3 | 93047 Regensburg
Tel.: +49 (0) 941 584 00-0 | Fax: +49 (0) 941 584 00-100
regensburg_plaza@achat-hotels.com | www.achat-hotels.com

ESSEN UND TRINKEN

RESTAURANTS

Schweinsbraten, Würstel, Leberkäs: Die Regensburger Gastronomie setzt auf regionale Küche. Sie sind in der Hauptstadt der Oberpfalz, also probieren Sie doch mal Erpf, Dotsch, Schwammerbräh, allesamt leckere Kartoffelgerichte. Außerdem zu empfehlen: Böfflamot – in Rotwein gebeiztes Rindfleisch oder der delikate Donauzander. So mancher Chefkoch scheut aber auch vor Innovationen nicht zurück, serviert zum saftigen Braten Weinschaum statt Sauerkraut. Egal, ob Sie's traditionell oder modern mögen, MERIAN empfiehlt die besten Adressen im Herzen der Stadt.

Bischofshof am Dom
Weiß-blau trifft Purpur

Lange vor den weltlichen Führern wussten die Geistlichen schon ein gutes Essen zu schätzen. In Regensburg kehrten sie im „Bischofshof am Dom" ein, und bis heute werden dort ordentliche bayerische Speisen auf hohem Niveau zubereitet. Küchenchef Herbert Schmalhofer schätzt die traditionelle heimische Küche und setzt dabei fast ausschließlich auf Zutaten aus der Region. Das Ergebnis ist ein deftiger Genuss. Zu den Spezialitäten des Hauses gehören das in Bier gebratene Spanferkel, Rehkoteletts mit Schupfnudeln und natürlich ein handfester ofenfrischer Leberkäs. Aber Schmalhofer kann auch anders. In seiner Kochschule lehrt er, wie man eine raffinierte Krebssülze zubereitet. Das ist dann nicht mehr bodenständig, sondern einfach himmlisch.
(K 4) Krauterermarkt 3
Tel. 0941 58460
www.hotel-bischofshof.de

Historisches Eck
Ein Schmaus will hoch hinaus

Im „Historischen Eck" weht ein neuer Wind. An der Spitze der Kochbrigade steht seit Mai 2009 ein neuer Mann: Der 27 Jahre junge Anton Schmaus hat Großes mit dem Haus vor. Schließlich ist dies sein erstes eigenes Restaurant, und er würde damit nur allzu gern einen Stern für Regensburg ergattern. Schließlich fehlt der Stadt heute eine solche Auszeichnung, trotz ambitionierter und angesehener Restaurants wie dem „Roten Hahn", der „Silbernen Gans", dem „Rosenpalais" und dem „David". Der Erwartungsdruck ist hoch. Die Inneneinrichtung wurde bereits modernisiert, viel helles Holz findet

Bei Dampfnudel-Uli war schon die gesamte bayerische Prominenz zu Gast. Die Dampfnudeln schmecken trotzdem

man jetzt im alten Kreuzgewölbe. Schmaus bringt Erfahrung aus renommierten Häusern mit, hat in mehreren Zwei-Sterne-Küchen gearbeitet (u.a. bei Starkoch Thomas Keller in New York) und die „Ocean's Eleven"-Crew am Comer See verköstigt – Beschwerden von George Clooney, Julia Roberts, Brad Pitt sind nicht bekannt. Der junge Chefkoch hat ein Faible dafür, klassische Gerichte modern zu interpretieren. „Beim Schweinebraten schmecken Sie Sauerkraut, aber Sie sehen Weinschaum." Auf der Karte führt der Chefkoch daher nicht nur das „Menü traditionell", sondern auch das „Menü innovativ", bei dem Seeteufel mit krossem Schweinebauch und Melone, Jakobsmuschel-Carpaccio mit Stachelbeere und Nussbutteremulsion serviert werden. Köstlich.
(J 4) Watmarkt 6
Tel. 0941 46524734
www.historisches-eck.de

Meier – Ein Lokal
Crossover auf Oberpfälzisch

In Stadtamhof, auf der anderen Seite der Steinernen Brücke, begeistert „Meier – Ein Lokal" mit Kombinationen aus regionaler, deutscher und internationaler Küche zu moderaten Preisen. Die Einrichtung ist rustikal und gemütlich, das Repertoire sehr umfangreich. Der Koch kann so gut wie alles – von Topfenknödeln über Kässpatzen bis zum Curry-Kokosreis. Der Salat mit Rotweinvinaigrette und Rinderhüftstreifen ist hervorragend, ebenso die von Pfifferlingen und Fingernudeln begleiteten Schweinemedaillons in Thymianjus. Wer Glück hat und draußen einen der besten Tische bekommt, hat noch dazu einen schönen Blick auf den Dom und die Steinerne Brücke.
(K 2) Stadtamhof 15
Tel. 0941 85682
www.meiereinlokal.de

Zwei Jahrzehnte Genuss für Auge, Ohr & Gaumen

LEERER BEUTEL
Restaurant LEERER BEUTEL
Bertoldstr. 9 | 93047 Regensburg
Tel. 0941/58997 | www.leerer-beutel.de

ESSEN UND TRINKEN

MERIAN | LOKALTERMIN

Würstel für alle

Wer Lust auf Fleisch hat, kommt an der historischen Wurstkuchl einfach nicht vorbei

Heißer Treffpunkt seit über 600 Jahren: die „Wurstkuchl"

"So muss er sein", sagt Andreas Meier und meint damit die Portion Jungschweinsbraten, die der Kellner gerade auf den Tisch gestellt hat. Saftig ist er, die Fleischkruste kross und die Sauce nicht zu dick. Mit Meier, dem Besitzer der historischen „Wurstkuchl", über Schweinsbraten zu diskutieren, ist nicht möglich, ohne dass gleich einer aus der Küche kommt. Sein Wirtshaus liegt ideal (Donau! Steinerne Brücke!), und ist so bekannt, dass die zahlreichen Touristen die 160 Plätze in Ufernähe wohl auch belagern würden, wenn die Küche saumäßig wäre. Ist sie aber ganz und gar nicht. Alle Produkte sind hausgemacht, im Grunde seit 1806, als die Familie das Restaurant übernahm: vom süßen Senf (wird nach alter, geheimer Rezeptur hergestellt) über das Sauerkraut (60 Tonnen reifen jährlich im hauseigenen Krautkeller, das Weißkraut stammt von einem Regensburger Bauern) bis zu den Schweinswürstl vom Hinterschinken. Für seine **„original Regensburger Bratwürstel"** ist die Wurstkuchl berühmt. Wahlweise in Portionen zu 4, 6, 8, 10, 12 Stück (oder mehr) kommen sie gut gebräunt vom Holzkohlegrill auf den Teller. Wer nur wenig Zeit hat, sollte sich in der ältesten Bratwurstbude der Welt – die „Wurstkuchl" wird seit 1378 gastronomisch genutzt – einfach eine Wurstsemmel auf die Hand kaufen. So gut kann Fastfood sein.
**Wurstkuchl, (K 4) Weiße-Lamm-Gasse 1
Tel. 0941 466210, www.wurstkuchl.de**

ESSEN UND TRINKEN

Die „Alte Linde" auf der Jahninsel: perfekt für ein Feierabendbier mit Aussicht auf die Altstadt

Die Restaurants in der Altstadt bieten meistens ein durchaus ordentliches Niveau. Wer im Grünen sitzen will, sollte einen der Biergärten auf den Donauinseln ansteuern.

Dampfnudel-Uli
Die besten Dampfnudeln der Stadt in urigem Ambiente.
(J 4) Am Watmarkt 4
Tel. 0941 53297
www.dampfnudel-uli.de

Restaurant David
Exzellente Speisen im Goliath-Haus, schöne Dachterrasse.
(J 4) Watmarkt 5
Tel. 0941 56185
www.hotel-bischofshof.de

Hofbräuhaus
Münchner Bier
und bürgerliche Kost.
(J 4) Waaggässchen 1
Tel. 0941 51280
www.hofbraeuhaus-regensburg.de

Restaurant Leerer Beutel
Gehobene Küche im alten Kornspeicher von 1598, günstiger Mittagstisch.
(L 5) Bertoldstraße 9
Tel. 0941 58997
www.leerer-beutel.de

Restaurant Orphée
Französische Küche, Café und Bistro, siehe Seite 58
(J 4) Untere Bachgasse 8
Tel. 0941 52977
www.hotel-orphee.de

Silberne Gans
Edles Gourmet-Restaurant im 300 Jahre alten Gemäuer.
(L 4) Werftstr. 3
Tel. 0941 2805598
www.silbernegans.de

AUSSERHALB

Gasthaus Zum Goldenen Krug
Regionale Küche mit Pfiff, Biergarten unter alten Kastanien.
(D 3) Sengkofen bei Mintraching,
Brunnenstraße 6
Tel. 09406 2933
www.zum-goldenen-krug.de

Gasthof Zum Goldenen Löwen
Oberpfälzer Kost, rustikale Gaststube mit Gewölbe.
(B 1) Kallmünz
Alte Regensburgerstr. 18
Tel. 09473 380
www.luber-kallmuenz.de

BIERGÄRTEN

Alte Linde
Idyll auf der Jahninsel.
(J 3) Müllerstr. 1
Tel. 0941 88080
www.altelinde-regensburg.de

Goldene Ente
Älteste Studentenkneipe, bisweilen Kino und Kabarett.
(H 3) Badstr. 32
Tel. 0941 85455
www.die-goldene-ente.d

Haus Heuport
Der passende Ort, um in aller Ruhe die Details der gegenüberliegenden Domfassade zu betrachten.
(K 4) Domplatz 7
Tel. 0941 5999297
www.heuport.de

Kreuzschänke
Ruhiger, etwas versteckter Biergarten.
(G 4) Kreuzgasse 25
Tel. 0941 54200, www.wirtshaus-kreuzschaenke.de

Neue Filmbühne
Die Tische sind schnell besetzt. Macht aber nichts: An lauen Sommerabenden sitzen die meist jungen Gäste auf Brunnenrändern und Treppen bis vor das Schauspielhaus.
(H 5) Bismarckplatz 9
Tel. 0941 57037

Prüfeninger Schlossgarten
Einer der schönsten Biergärten der Stadt. Leckere, bayerische und italienische Speisen, die Brotzeit darf aber auch mitgebracht werden.
(E 5) Prüfeninger Schloß-str. 75, Tel. 0941 2804289
www.pruefeninger-schlossgarten.de

Spitalgarten
Traditionelle Küche, toller Blick auf die Altstadt.
(J/K 3) St.-Katharinen-Platz 1
Tel. 0941 84774
www.spitalgarten.de

Trattoria Marina
Pizza und hausgemachte Pasta in bester Lage direkt an der Steinernen Brücke. Die Tische draußen sind sehr begehrt.
(K 3) Am Brückenbasar
12-16, Tel. 0941 2984525

ESSEN UND TRINKEN

MERIAN | SPEZIALITÄT

Maß halten

Wer in den Brauerei-Gaststätten heimische Biere genießt, tut auch anderen etwas Gutes. Denn drei der fünf Regensburger Brauereien besitzen Stiftungen

Fünf Brauereien und mit der Klosterbrauerei Weltenburg eine sechste in unmittelbarer Nähe – Regensburg bietet eine große Auswahl an heimischen Bieren. Eine Institution ist das „Knei", wie die Gaststätte der **Brauerei Kneitinger** genannt wird. Am Arnulfsplatz wurde schon im 16. Jahrhundert Bier gebraut. Das Pils hat eine hohe Stammwürze, das muss man mögen. Wer hier trinkt, kann das mit gutem Gewissen tun: Sofie Kneitinger vermachte 1991 die über drei Generationen als Familienunternehmen geführte Brauerei sowie ihr Vermögen einer gemeinnützigen Stiftung, weil ein Nachfolger aus der Familie fehlte.

Die **Spitalbrauerei** ist die älteste existierende Brauerei der Stadt, ihre Geschichte lässt sich bis ins Jahr 1359 lückenlos zurückverfolgen. Das Katharinenspital wurde bereits Anfangs des 13. Jahrhunderts als Stiftung gegründet, und über Jahrhunderte war es nichts Ungewöhnliches, dass ein Spital auch Bier braut und als Schlaftrunk an die Bewohner des Hauses verteilt. Wer heute im „Spitalgarten" (s. „Biergärten") oder im „Spitalkeller" bierselig wird, sorgt damit fürs Wohlbefinden der Bewohner des Altenheims St. Katharinenspital.

Lagerbier-Flaschen mit dem praktischen Bügelverschluss kommen aus der **Brauerei Bischofshof**, die zur Bischöflichen Knabenseminarstiftung gehört. Zum Unternehmen gehört auch die **Klosterbrauerei Weltenburg**, bei der man sehr stolz darauf ist, sich als „die älteste Klosterbrauerei der Welt" (seit 1050) bezeichnen zu können. Das Portfolio der Brauerei schmückt ein **„Barock Dunkel"**, das so schmeckt, wie der Name verspricht: kräftig.

Auch das Fürstenhaus hat sein Hausbier: Zwar werden die Sorten der Marke „Thurn und Taxis" längst von Paulaner in München produziert, aber vor wenigen Jahren wurde in der Remise des T&T-Schlosses das kleine Fürstliche Brauhaus eingerichtet, Spezialität: **Postmeisters Doppelbock**. Und wer Hefeweizen mag, ist im **Regensburger Weißbräuhaus** bestens aufgehoben – jeden Dienstag kann man dort beim Brauen zuschauen.

Brauerei-Gaststätte Kneitinger (H 4) Arnulfsplatz 3
Tel. 0941 52455, www.knei.de
Weißbräuhaus (K 5) Schwarze-Bären-Str. 6
Tel. 0941 5997703, www.regensburger-weissbrauhaus.de
Spitalkeller (J 1) Alte Nürnberger Str. 12
Tel. 0941 894169, www.spitalkeller-regensburg.de

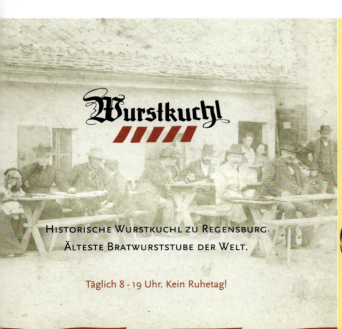

Historische Wurstkuchl zu Regensburg.
Älteste Bratwurststube der Welt.

Täglich 8 - 19 Uhr. Kein Ruhetag!

WAHRSCHEINLICH DAS BESTE WEISSBIER DER WELT!

15x in Folge! Weltweit einmalig. Unser GOLD ist sicher.

Ludwigsheide 2
92439 Bodenwöhr
Tel. +49 9434 94 100
www.brauerei-jacob.de

ESSEN UND TRINKEN

MERIAN | EXTRATOUR

Von Regensburg nach Bach auf dem Donauradweg und zurück sind es knapp 50 Kilometer. Die offizielle Weinroute geht noch weiter bis nach Wörth, in Bach können Sie aber auch das Schiff zurück nach Regensburg nehmen

Zu Reben Radeln

Wo die Südhänge des Bayerischen Waldes an die Donau grenzen, verläuft ein besonders schöner Abschnitt des Donauradwegs. Eine ideale Tour für Einsteiger mit einem lohnenden Ziel: In den Weinstuben von Bach und Kruckenberg lässt sich der Baierwein genießen

Von der Quelle bis zum Schwarzen Meer kann man der Donau auf dem Rad bequem flussabwärts folgen, allein in Deutschland verläuft der Donauradweg 619 Kilometer am Wasser entlang. Der Streckenabschnitt ab Regensburg führt entlang der Ausläufer des Bayerischen Waldes hin zu der fruchtbaren, breiten Ebene des Gäubodens. Es ist eine ausgesprochen radelfreundliche Strecke mit wenig Steigungen, reichlich Gastronomie und ebenso vielen Übernachtungsmöglichkeiten. Und bestens geeignet für Anfänger (Schwierigkeitsgrad 1,0). Die Tour beginnt auf der Steinernen Brücke, dann geht es raus aus dem Stadtverkehr, die Donau flussabwärts und rein ins Grüne bis zu den Weindörfern Bach a.d. Donau und Kruckenberg, in denen ein paar gemütliche Weinstuben zur Rast einladen.

Für einen Tagesausflug mit Rückkehr nach Regensburg eignet sich das Anbaugebiet des Baierweins bestens. Bei der Tourist-Information im Alten Rathaus gibt es ein Büchlein zum „Baierwein" und die Karte „Radeln im Regensburger Land". Mieträder können Sie bei „Rent a Bike" am Bahnhof ausleihen. Die Länge der Weinradeltour beträgt hin und zurück knapp 50 km. Die offizielle „Weinroute" führt von Kruckenberg noch weiter – bis nach Wörth a. d. Donau. Wer früh startet, hat die Möglichkeit, mit dem Schiff um 15.15 Uhr von Bach zurück nach Regensburg zu fahren (tgl. Mai bis Mitte Okt., Fahrrad 1 € extra).

Rent a Bike im Bikehaus (K 7) Bahnhofstr. 17
Tel. 08 00 4602460, www.fahrradverleih-regensburg.de
Personenschifffahrt Klinger (L 4) Werftstr. 6
Tel. 0941 52104, www.schifffahrtklinger.de

Kaum zu glauben: Das heutige Bierland rund um Regensburg war einst eine reine Weingegend, der Baierwein ein Volksgetränk und die Stadt das Zentrum des altbairischen Weinanbaus. Wahrscheinlich seit Römerzeiten, nachweisbar ab dem 7. Jh., stand das Donau-Nordufer voll mit Reben. Als 1271 in einer Urkunde erstmals der Begriff „Baierwein" verwendet wird, ist dieser bereits landesweit das Hauptgetränk. Die meisten Ländereien verpachtete vermutlich Kloster St. Emmeram an Winzer, die größte Ausdehnung dürften die Rebflächen im 15./16. Jh. mit 2 000 bis 3 000 Hektar erreicht haben. Weinzölle und sonstige Abgaben brachten dem Staatshaushalt gute Einnahmen. In einer Chronik wird ein Rezept genannt, wie man mit dem Wein (vorzüglichen!) Maurermörtel anrühren kann. Allerdings war unter denen, die ihn tranken, der Baierwein wenig angesehen, man verhöhnte ihn als „Sauerampfer". Ab 1600 ging's mit dem Weinbau bergab. Schuld waren die Klimaverschlechterung, der Dreißigjährige Krieg, aber auch die Verbesserung der Verkehrswege – man kam jetzt einfacher an qualitativ besseren Wein als den von heimischen Reben. 1970 gab es gerade noch einen Hektar Rebfläche an der bayerischen Donau. Mittlerweile hat der in kleinen Mengen und nur von Nebenerwerb-Winzern produzierte Regensburger Landwein einen hervorragenden Ruf. Der Regensburger Arzt Hanns Rieß gilt als Pionier des naturbelassenen Landweins. Die gesamte Anbaufläche beträgt heute rund vier Hektar (von den deutschen Weinbaugebieten ist nur das Stargarder Land in Mecklenburg noch kleiner), im Stadtteil Regensburg-Winzer wird der Wein in Flaschen verkauft, die Weine in Bach und Kruckenberg werden meist nur in den Winzerstuben ausgeschenkt.

Baierwein-Museum (D 2) Bach a. d. Donau, Hauptstr. 1a
Tel. 09403 95020, www.baierwein-museum.de
Mai-Sept. So nachmittags
Weinstube Zum Vogelherd (D 2) Wiesent, Kruckenberg 56
Tel. 09482 3090 *ab 14 Uhr*
Weingut Dr. Rieß (B/C 2) Oberwinzer, Kagererweg 6
Tel. 0941 86970, www.weinbau-regensburg.de
Mo, Mi, Fr vormittags und nach Vereinbarung

130 MERIAN www.merian.de

MEDIEN

BÜCHER

Der Dom zu Regensburg
Achim Hubel, Manfred Schuller, Pustet 1995, 164 S., 44 € Das reich bebilderte Buch ist schon einige Jahre alt, gilt aber immer noch als das Standardwerk über den Regensburger Dom. Verständlich und chronologisch wird die Baugeschichte aufgezeigt. Mit vielen räumlichen Zeichnungen und Abbildungen.

Gloria von Thurn und Taxis. Eine Biografie
Rudolf Schröck, Droste 2004, 224 S., 16,95 € Vom mittellosen Mädchen zur bekanntesten Frau des deutschen Hochadels: Sehr amüsantes und überaus kenntnisreiches Porträt der Fürstin.

Regensburg Reise-Lesebuch
Hubert Ettl, Gerd Burger (Hrsg.), edition Lichtung 2006, 180 S., 22,90 € Wirkt altmodisch auf den ersten Blick, ist aber ein wunderbar subjektiver Reiseführer: Gut zwei Dutzend zeitgenössische Autoren (Dichter, Schriftsteller, Journalisten), die alle mit der Stadt verbunden sind, erzählen von Regensburg.

Regensburg. Metropole im Mittelalter
Peter Brielmaier, Uwe Moosburger, Pustet 2007, 276 S., 49,90 € Regens-

burg, der Nabel Europas im Mittelalter. Ein imposanter Bildband über die wichtigste Epoche der Stadt und ihre Architektur, übersichtlich und detailliert gestaltet.

Stadtbuch Regensburg
Stadtbuch 2008, 240 S., 7,95 € Esskultur, Veranstaltungen, Nachtleben: Einer der wenigen Führer, die außer Geschichte auch das aktuelle Stadtgeschehen beschreiben.

Weg vom Fenster
Barbara Krohn, Aufbau TB 2008, 384 S., 9,95 € Das Prinzip aller klugen Krimis: Die Aufklärung des Mordes in den engen Gassen der Altstadt ist zugleich eine spannende Einführung in Gesellschaft und Lebensgefühl.

Welterbe Regensburg
Eugen Trapp, Schnell & Steiner 2008, 256 S., 12,90 € Der offizielle kunst- und kulturgeschichtliche Welterbeführer stellt in acht Rundgängen die Schmuckstücke des historischen Regensburg vor. Mit aktuellen Bildern, detaillierten Grafiken und Plänen.

MERIAN | AUSGEWÄHLT

Renitente Bauern
Ein Hörbuch über Regensburg und das Dritte Reich, Duckmäuser und Widerständler: Ludwig Bemelmans' wiederentdeckter Roman „Die blaue Donau"

„Tagein, tagaus hat der Fluss die Farbe von wässrigem Kaffee mit zu viel Milch." Blau ist die Donau nur noch auf dem Gemälde im Regensburger Biergarten. Das Ende des Zweiten Weltkrieges naht, der Alltag ist geprägt vom NS-Terror. In dieser Zeit, 1945, spielt Ludwig Bemelmans' Roman „The blue Danube".

Der Autor, 1898 geboren und in Regensburg aufgewachsen, zog bereits als 16-Jähriger nach New York. Dort veröffentlicht er 1945 seinen Roman, in dem er das provinzielle Regensburg seiner Zeit mit einer Mischung aus Poesie, Komik und Tragik beschreibt. Bemelmans erzählt die Geschichte einer Rettichbauernfamilie, die dem Regime frech trotzt, während saturierte Bürger im Biergarten sitzen und völkische Sprüche klopfen. Die Bauern leben auf einer rechtlich nicht existierenden Donauinsel und sind dem Gauleiter schon lange ein Dorn im Auge. Als dann ein fettes Schwein auf einem Floß die Donau entlangtreibt und der potenzielle Braten vor allen Augen auf der Insel strandet, beginnen die Streitigkeiten erst richtig.

2005, sechzig Jahre nach der ersten Veröffentlichung, erschien die deutsche Fassung – als Hörbuch. Bekannte Regensburger wie Peter Heeg oder Eva Demski haben als Sprecher mitgewirkt. Deren Dialekt und die Blasmusik der „Negerländer" machen die originelle Handlung noch hörenswerter.

Die blaue Donau, Ludwig Bemelmans, Lohrbär 2005 3 Audio-CDs, 19,90 €

FILM

Domspatzen. Ein Jahr mit Deutschlands ältestem Knabenchor
Matti Bauer, DVD 2008, 89 Min., 14,99 € Dokumentation über das erste Schuljahr der Domspatzen, ihren Alltag mit Höhen und Tiefen. Der einfühlsame Film bekam 2009 den Bayerischen Fernsehpreis.

Bücher können Sie bestellen unter www.merianshop.de

DAS NÄCHSTE MERIAN **IM HANDEL AB 24. SEPTEMBER 2009**

Himalaya

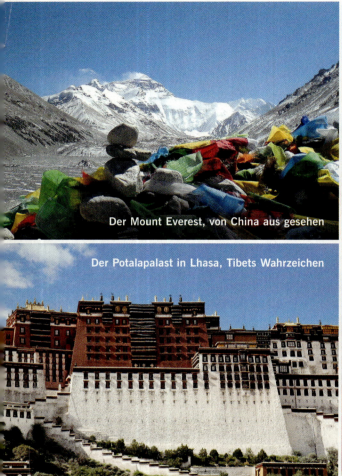

Der Mount Everest, von China aus gesehen

Der Potalapalast in Lhasa, Tibets Wahrzeichen

Mönch in Bhutan, auf dem Weg ins Glück

Die Wahrheit über Tibet Ein Gespräch mit dem **Dalai Lama** in seinem Wohnort Dharamsala **Die Würde der Berge** Reinhold Messner über den Wahnsinn in 8000 Meter Höhe **Der Sonderweg der Bhutanesen** Kleines Land auf unsicheren Pfaden **Die Wunder von Kathmandu** Nepals Welterbe: Klöster und Tempel als Zeugen religiöser Allmacht

März 2009

April 2009

Mai 2009

Juni 2009

Juli 2009

August 2009

In Vorbereitung:
St. Petersburg,
Hollywood,
Istanbul
Abotelefon:
040 87973540
oder www.merian.de